학습 어려움의
이해와 극복,
작업기억에
달렸다

개정
증보판

학습 어려움의 이해와 극복,
작업기억에 달렸다

트레이시 패키암 앨로웨이 · 로스 G. 앨로웨이 지음

이찬승 · 이나경 옮김

🌱 교육을바꾸는사람들

CONTENTS

감사의 글

이론과 데이터의 세계를 넘어 교사나 부모의 관점에서 교실을 바라볼 수 있도록 저희를 도와주신 수천 명의 교사와 부모님들께 감사의 마음을 전합니다. 익명성을 위해 사례연구에서 가명을 사용했지만, 이 연구 여정 동안 여러분의 이야기를 전할 수 있게 허락해주셔서 고맙습니다. 여러 장애와 그것을 성공적으로 극복한 여러분의 이야기에서 영감을 받아 우리는 학생들의 삶을 변화시킬 수 있는 것이 무엇인지 그 답을 찾기 위한 탐구 여정을 의욕을 갖고 계속해왔습니다.

학습에서 작업기억의 중요성을 밝혀내는 이 여정에 수많은 사람이 동참해주었고 우리는 그 과정에서 다음과 같은 많은 동료에게서 영감을 얻었습니다. 먼저, 학교 심리학자인 킴 그랜트(Kim Grant)와 미스티 스웬저(Misty Swanger)입니다. 이들은 너무나 열정적으로 학생들의 작업기억을 도와줍니다. 또한 여러 부모님과 연구에 대한 이야기를 나누기 위해 끊임없이 노력해준 영국영재아동협회의 데니스 예이츠(Denise Yates)와 켄터키 학업성취센터(Academic Success Center of Kentucky)의 캐롤 브라운(Carol Brown)과 같은 전문가들도 있습니다.

SAGE 출판팀 역시 완벽했습니다. 주드 보웬과 에이미 재롤드는 환상적일 만큼 저희를 지원해주었고, 당신들과 함께 일할 수 있어서 정말 기뻤습니다. 이 책을 처음 집필할 때부터 보여준 한결같은 지지와 끊임없는 격려는 놀라웠습니다. 당신들처럼 뛰어난 분들과 작업한 건 크나큰 행운입니다. 세심하게 편집에 대한 의견을 준 니콜라 마샬과 일레인 릭, 비디오에 대한 많은 조언을 해준 로나 팩케이, 그리고 이 책이 나오기까지 내내 도움을 준 미리엄 데비에게 깊이 감사드립니다.

트레이시 연구팀의 수석연구원인 에반 코펠로(Evan Copello)에게도 특별한 감사의 마음을 전합니다. 학습장애를 지원하는 여러 기관과의 경험을 바탕으로 그는 이 책의 3장에서 8장에 소개된 훌륭한 사례연구를 해줬습니다. 학습이 필요한 학생들에 대한 그의 동정심은 교실을 초월했습니다. 사례연구는 물론이고 좋은 아이디어를 내주고 수많은 원고를 교정해준 것에 이르기까지 그는 이 책을 더욱 풍부하게 만들어줬습니다. 마고 브리스토와 미켈라 엘스워스 역시 자신들이 수행했던 연구프로젝트의 경험을 공유해줬습니다. 국제학교 5학년 수업은 트레이시에게는 첫 교직 경험이었고 그녀는 가르치는 일에 매료되었습니다.

증거 기반의 처방이 학생의 삶을 어떻게 변화시킬 수 있는지를 보여준 수많은 공동작업에 참여할 수 있었던 것도 우리에게는 행운이었습니다. 현장연구를 허락해준 모든 학교에 감사드립니다. 작업기억에 대한 여러분의 관심이 없었다면 이 책은 나오지 못했을 것입니다.

1

뇌 속의
포스트잇 메모지

**UNDERSTANDING
WORKING MEMORY**

내가 작업기억이라는 이 연구 여정을 시작한 것은 약 10년 전 10월의 어느 상쾌한 날이었다. 그날 난 잘 다려진 단정한 교복을 입고서 앙증맞은 얼굴에 골똘한 표정을 짓고 있는 수많은 아이들에 둘러싸여 있었다. 유치원 아이들을 대상으로 어떤 인지능력이 학업성취에 중요한지를 규명하는 정부지원 연구프로젝트를 수행하던 중이었다.

그날 앤드류를 만났다. 이 여섯 살짜리 남자아이는 다른 아이들 가운데 유난히 눈에 띄었다. 앤드류는 학교에 오는 것을 좋아했고 친구도 쉽게 사귀었다. 수업시간에 항상 적극적으로 참여했고 질문을 하면 곧잘 손을 들곤 했다. 앤드류는 한 명씩 돌아가면서 짧은 이야기를 하는 '이야기 시간'을 가장 좋아했다. 이야기 시간만 되면 활기에 넘쳤으며 굉장히 기발한 예를 들어가며 이야기해서 아이들 모두 앤드류의 이야기를 좋아했다.

나는 학년이 올라감에 따라 앤드류가 교실에서의 일상적인 활동조차 힘들어한다는 것을 알게 되었다. 간단한 지시사항을 잊어버리거나 혼동하는 일이 잦았고, 다른 아이들이 책을 치우고 다음 활동을 준비하고 있을 때에도 앤드류는 교실 한가운데 우두커니 서서는 뭘 할지 몰라 두리번거렸다. 스미스선생님이 왜 서있느냐고 물으면 앤드류는 어깨를 으쓱할 뿐이었다. 선생님은 앤드류에게 무엇을 해야 할지 기억할 수 있도록 지시사항을 적어두라고 했지만, 자리로 돌아가 책상에 앉을 때면 앤드류는 적으려고 했던 내용을 이미 잊어버렸다.

앤드류의 가장 큰 문제는 쓰기활동인 것 같았다. 철자를 헷갈려서 중복해서 사용하곤 했고, 심지어 자기 이름을 쓰는 것도 힘겨워 해서 앤드류(Andrew)의 'A'를 두 번 쓰거나 마지막에 'w'를 빠뜨리는 일이 종종 있었다. 스미스선생님은 앤드류가 수업을 잘 따라올 수 있도록 교실 앞자리에 앉혔지만 별로 효과가 없었다. 앤드류는 수업시간에 여전히 헤매고 있었다.

스미스선생님은 어떻게 해야 할지 도무지 해결책을 찾을 수가 없었다. 앤드류에게는 언제나 지시사항을 반복해서 말해줬지만 제대로 듣는 것 같지도 않았고, 무엇을 말해주면 마치 한 귀로 듣고 한 귀로 흘리는 것 같았다. 앤드류가 멍하니 책상에 앉아서 아무것도 하지 않고 있는 것이 보조교사 눈에 띈 적이 있다. 왜 과제를 하지 않느냐고 묻자, 앤드류는 풀 죽은 목소리로 '까먹었어요. 뭐가 뭔지를 모르겠는데 선생님이 혼내실까봐 무서워요'라고 말했다.

앤드류의 부모는 혹시 도움을 받을 수 있을까 해서 나를 찾아왔다.

그들은 앤드류가 학습장애를 가지고 있는 건 아닌지 걱정했다. 각종 심리검사를 해본 결과 앤드류의 IQ는 놀랍게도 평균에 속했다. 그러나 학년 말에 그의 성적은 반에서 꼴찌였다.

아이들에게 몇 가지 후속검사(follow-up testing)를 하기 위해 2년 후에 다시 그 학교를 방문하게 되었다. 앤드류는 이전과는 전혀 다른 아이처럼 보였다. 언어와 수학은 최하위 반이었고, 너무 쉽게 좌절했으며, 특히 쓰기가 포함된 활동은 시도조차 하지 않으려고 했다. 성적은 나빴고 숙제를 완성하지 못한 채 제출하는 일도 잦았다. 앤드류는 오직 운동장에서만 행복해 보였다.

그 이후로도 계속 관찰하지는 못했지만 나는 앤드류를 절대 잊지 못한다. 앤드류처럼 자신의 잘못이 아닌데도 수업에 어려움을 겪고 있는 수많은 학생을 어떻게 도울 것인지, 앤드류의 고충은 내가 이것을 깊이 있게 연구하는 계기가 되었기 때문이다. 이 책은 작업기억(working memory)이라는 강력한 인지능력에 대한 것이다. 작업기억 훈련을 적절하게 지원받기만 해도 앤드류와 같은 학생들이 학교생활에서 좌절을 겪지 않을 수 있다.

기초적인 수업능력

작업기억, 즉 정보를 처리하는 능력이 포함되지 않은 수업활동을 상상하기란 어렵다. 사실, 작업기억 없이 학습하는 것은 불가능한 일이다. 문장을 읽으라는 지시를 따르는 것뿐만 아니라 모르는 단어의 발음에서부터 수학문제의 계산에 이르기까지 학생이 수업시간에 하는 거의 모든 활동은 정보의 처리를 요구한다. 과학책을 꺼내서 289페이지를 펴라는 간단한 지시를 따를 때에도 학생은 작업기억을 사용한다. 이때 학생은 여러 정보를 처리해야 한다. 예를 들어, 가방이 아닌 책상 위에 책이 있다는 것을 기억하고, 여러 책들 사이에서 과학책을 찾아내며, 마지막으로 두툼한 과학책에서 원하는 페이지를 어림잡아 펼친다. 찾는 페이지보다 너무 앞이나 뒤를 펼쳤을 때는 그 페이지를 찾기 위해서 작업기억을 사용해야 하며, 앞뒤로 책장을 넘겨 마침내 289페이지를 찾게 된다.

대부분의 아동은 재빨리 책을 찾고 원하는 페이지를 펼 수 있을 만큼 충분한 작업기억을 갖고 있지만, 한 반에서 약 10퍼센트의 아동들은 그렇지 못하다. 수업시간에 집중하지 못하고 공상에 잠기는 일이 잦은 아동은 바로 이 10퍼센트에 속할 가능성이 크다. 잠재능력을 다 발휘하지 못하거나 학습동기가 없어 보이는 학생도 이 10퍼센트에 속할 수 있다. 과거에는 이 학생들의 다수가 학습부진을 겪고 방치되어 반에서 늘 하위권에 머물러 있었다. 이런 문제는 도저히 극복할 수 없는 것처럼 보였고, 별도의 특별수업과 같은 일반적인 해결책도 효과가 없었기 때문이다. 그러나 작업기억에 초점을 맞추면 이런 아이들 중 많은 아이의 학업수행이 향상될 수 있다는 증거가 나타나기 시작했다. 작업기억은 교실수업의 토대가 되는 기초적인 능력이며, 적절한 지원을 받기만 한

다면 학업으로 고통 받는 학생의 미래가 이 작업기억을 통해서 성공적
으로 바뀔 수도 있다.

작업기억이란 무엇인가

작업기억을 쉽게 이해시키기 위해 흔히 뇌의 '포스트잇 메모지'라고
설명한다. 우리는 기억해야 할 것을 마음속에 메모한다. 정보를 기억하
기 위해서뿐만 아니라, 집중을 방해하는 여러 자극에도 불구하고 그 정
보를 처리하고 관리하기 위해서도 작업기억을 사용한다. 반 아이들이
떠들고, 연필을 떨어뜨리고, 종이가 바스락거리는 번잡한 교실에서도
학생들은 주변의 자극을 무시하고 달성해야 할 과제에 집중하기 위해
작업기억을 사용한다.

작업기억은 독해 및 수학에서부터 칠판에 적힌 글을 베끼고 학교 주
변의 길을 찾는 것에 이르기까지 학교에서의 다양한 활동에 결정적인
역할을 한다. 우리는 교실에서 교사의 지시를 기억하고, 언어를 배우
고, 독해과제를 완수하는 데 언어작업기억(verbal working memory)
을 사용한다. 한편, 시공간작업기억(visual-spatial working memory)
은 수학기술 및 일련의 연속되는 패턴·이미지·위치를 기억하는 것
과 관련이 있다. 다음은 작업기억을 필요로 하는 실제 수업활동 사례들
이다.

언어작업기억과 관련된 수업활동

- 긴 지시사항 기억하고 수행하기. 다음은 6세 아동으로 이루어진 교실에서의 사례이다. '종이는 초록색 탁자 위에 올려놓고, 화살표가 그려진 카드는 상자 안에 넣고, 연필은 치우고, 이리로 와서 카펫 위에 앉아요.' 이렇게 지시를 했을 때 카펫 위에 가장 먼저 와서 앉는 아이는 대개 작업기억 용량이 부족한 아이이다. 왜냐하면 지시의 첫 부분만 기억하고 나머지는 모두 잊어버렸기 때문이다.

- 단어·문장·단락을 포함하여 텍스트 기억하여 적기

- 비슷한 소리로 이루어진 단어 목록(예컨대, mat, man, map, mad) 기억하기

- 복잡한 문법구조의 문장 기억하기. 가령, '공주를 구하기 위해서 그 기사는 용과 싸웠다(To save the princess, the knight fought the dragon).' 이 문장은 '그 기사는 공주를 구하기 위해서 용과 싸웠다(The knight fought the dragon to save the princess).'보다 이해하기 더 어렵다.

시공간작업기억과 관련된 수업활동

- 암산문제 풀기

- 칠판에 적힌 문장을 옮겨 쓸 때 그들의 위치 놓치지 않기. 작업기억 용량이 부족한 아이는 철자를 반복해서 쓰거나 건너뛰는

일이 잦다.

- 그림 또는 이미지를 사용해서 이야기 다시 말하기. 작업기억 용량이 부족한 아이는 이야기에 나오는 사건들의 순서를 혼동하거나 심지어 핵심 사건을 빠뜨린다.
- 일련의 연속적인 순서에서 생략된 숫자 알아내기: 0, 1, 2, ___ , 4, 5, ___

작업기억 vs. 단기기억

작업기억은 짧은 시간, 대개 몇 초 동안 정보를 기억하게 해주는 단기기억과는 다르다. 학생들이 칠판에 적힌 문제, 예컨대 42+18을 보고 그것을 그대로 기억해서 적는다면 이는 단기기억을 사용하는 것이다. 그러나 이 문제를 풀려면 작업기억의 사용이 요구된다. 예를 들어, 10에다 40을 더해서 나온 50을 마음에 둔 채, 다시 8에다 2를 더하고 나서 두 답을 더해 60이 나오도록 해야 한다. 기억할 정보를 가지고 '작업을 하는' 것, 이것을 작업기억으로 볼 수 있다.

작업기억 vs. 장기기억

작업기억은 장기기억과도 다르다. 장기기억은 학생이 학교를 다니면서 축적한 지식 모두를 포함한다. 예를 들어, 수학규칙(6×4=24), 철자법('c' 뒤를 제외하고 'e' 앞에 'i'), 과학 및 역사지식, 음소들이 만들어내는 상이한 소리에 대한 지식 등이 이에 해당된다. 도서관에서 적절한 책을 찾아주는 사서처럼 작업기억은 필요할 때 적절한 지식을 찾아준다. 예컨대, 당신이 미국 초대 대통령의 이름을 물으면 학생의 작업기억이 장기기억을 탐색해서 '조지 워싱턴'을 찾아낸다.

언어작업기억

Q. 다음 문장을 읽고 참인지 거짓인지를 판단하라.

1. 바나나는 물에 산다.　　참　거짓
2. 꽃은 향기가 좋다.　　　참　거짓
3. 개는 다리가 네 개이다.　참　거짓

위 문장을 보지 않고 각 문장의 마지막 단어를 정확한 순서로 기억할 수 있는가? 모두 기억한다면 축하할 일이다. 당신의 작업기억 용량은 7세 아동의 평균과 비슷하다. 이 검사는 작업기억자동평가(Automated Working Memory Assessment, AWMA)의 청각기억검사(Listening Recall test)의 한 예로 언어(청각)작업기억을 측정한다.

이 책에서 **언어작업기억(verbal working memory)**은 **청각작업기억(auditory working memory)**과 같은 의미로 쓰이고 있다. 이와 같은 검사에서는 문장이 말로 제시되고 학생은 그 정보를 큰 소리로 반복한다. 2장에서는 작업기억 결핍(working memory deficit)을 알아내는 표준검사에 대해 살펴볼 것이다.

작업기억은 뇌의 어디에 있는가

뇌 영상 연구에 따르면 일례로 위의 '따라해 보세요'처럼 작업기억 검사를 수행할 때 뇌의 전전두피질(prefrontal cortex, PFC)이 활성화

된다고 한다. 작업기억을 사용할 때 전전두피질은 뇌의 다른 영역과도 함께 일을 한다. 예를 들어, 새로운 식당을 찾아가는 것처럼 시공간활동을 할 때에는 해마(hippocampus, 공간정보가 기록되는 핵심 장소)가 활성화된다. 작업기억이 해마에 저장된 정보에 의지하여 우리가 현재 어디에 있고 어디로 가야 하는지를 결정하기 때문이다. 면접에서 질문에 답할 때처럼 구두로 대답을 해야 하는 상황에서는 작업기억이 브로카 영역(Broca's area)과 같은 '언어중추'에 의지한다.

작업기억의 발달

작업기억의 발달은 전전두피질의 성숙과 밀접한 관련이 있다. 우리는 작업기억이 연령에 따라 어떻게 발달하는지를 상세히 알기 위해 5세에서 80세 사이의 수백 명의 실험 참가자들을 대상으로 연구를 수행한 적이 있다(도표 1.1). 가장 극적인 발달은 아동기에 일어나고 있었다. 다시 말해서, 작업기억 용량은 생애 첫 10년 동안 가장 많이 증가했다. 또한 작업기억 용량은 30세까지 꾸준히 증가하여 이 시점에서 정점에 도달한다. 평균 25세의 성인은 다섯 개 또는 여섯 개의 항목을 기억할 수 있다. 더 나이가 들면 작업기억 용량은 세 개 또는 네 개 항목으로 감소한다.

연령대별로 작업기억이 처리할 수 있는 정보의 양은 교실에서 중요한 의미를 지닌다. 시애틀에서 열린 세미나에 참석했던 한 교사는 자기 반 학생들이 왜 그렇게 자신의 지시를 따르는 걸 어려워했는지 이제야

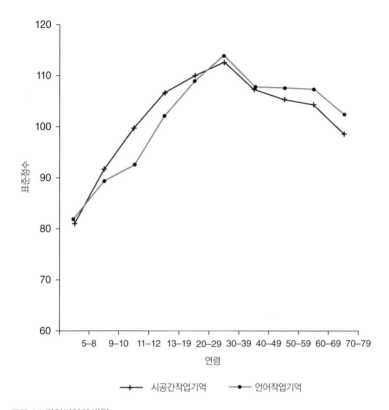

도표 1.1 작업기억의 발달

이해하게 되었다고 말했다. 다음은 그녀가 반 학생들에게 했던 지시사항의 한 예이다. "공책은 탁자 위에 올려놓고, 색연필은 서랍에 다시 넣고, 도시락을 들고, 문 옆에 한 줄로 서세요." 학생들은 책을 치운 후 교실 문 옆에 나란히 줄을 서기는커녕 교실에서 우왕좌왕하곤 했다. 연령별 평균적인 작업기억 용량에 대해 배우고 나자 그녀는 다음과 같이 말했다. "아이들이 왜 그랬는지 이제야 알겠네요. 저는 늘 네 가지 과제를 한 번에 하도록 내주곤 했는데, 아이들의 작업기억이 처리하기에는 너무 벅찼던 거예요." 여기서 잠깐 연령대별 작업기억 용량에 맞는 지시사항의 개수를 살펴보자.

- 5-6세: 2개
- 7-9세: 3개
- 10-12세: 4개
- 13-15세: 5개
- 16-29세: 6개

30세까지 작업기억 용량은 계속 증가한다. 이것이 점점 커진다는 것은 우리의 포스트잇 메모지에서 더 많은 정보가 처리될 수 있다는 의미이다. 어떤 사람의 작업기억은 다른 사람에 비해 성장이 더 빠르다. 작업기억 용량이 또래보다 더 큰 7세 아동에 대해 생각해보자. 자, 7세 아동으로 이루어진 수업에 10세 아동이 참여하고 있다고 상상해보라. 이들은 교사가 말하는 것을 지루해하고 누구보다 먼저 과제를 끝마친다. 할 일이 없기 때문에 말썽을 피우기도 한다. 또래에 비해 작업기억 용량이 훨씬 큰 학생들에게서 실제로 이런 일이 일어난다. 한 반에서 약 10퍼센트의 학생이 이 집단에 속한다.

이번에는 척도의 반대쪽 맨 끝, 즉 작업기억 용량이 부족한 학생의 경우를 살펴보자. 7세 아동으로 이루어진 수업에 4세 아동이 참여하고 있다고 상상해 보자. 이들도 앞에서 기술한 10세 아동과 마찬가지로 수업에 흥미를 잃고 좌절하겠지만 그 이유는 정반대이다. 이들은 수업내용이 너무 어려워서 이해하려는 시도조차 못한다. 교사의 말은 너무 빨라 따라갈 수도 없고 제대로 받아 적지도 못하며, 수학시간엔 덧셈 때문에 애를 먹는다. 교과서를 잘 읽지도 못한다. 작업기억 용량이 부족한 학생들은 수업활동을 완수하는 데 필요한 모든 정보를 머릿속에 유지할 수 없기 때문에 수업에서 종종 어려움을 겪는다. 결과적으로 이들은 학습에 흥미를 잃고 수업에 참여하지 않게 된다.

작업기억은 왜 학업성적을 예측하는가

작업기억은 학습에서 매우 중요하다. 학생의 작업기억을 알면 학업성취도를 예측할 수 있기 때문이다. 대규모 정부지원 연구과제(Alloway et al., 2006)의 일환으로 수백 명의 유치원생(5~6세)을 6년 동안 추적한 결과에 의하면, 작업기억이 우수한 아동은 읽기 · 쓰기 · 수학에서 좋은 성적을 보인다. 이와는 반대로 작업기억이 안 좋은 아동은 학업을 잘 따라가지 못하고 힘들어한다. 6년 뒤 이 학생들을 다시 한 번 검사했더니 5세 때의 작업기억 능력이 읽기와 수학 표준평가에서의 성적을 결정하는 것으로 밝혀졌다(Alloway & Alloway, 2010).

당신의 교실을 생각해 보라. 어떤 학생은 다른 학생보다 학업수행이 더 우수하다. 앞자리의 소녀에게는 쉬운 과제가 그녀의 오른쪽에 앉아있는 학생에게는 왜 그렇게 어려운 것일까? 똑같은 수업을 들었지만 결과는 매우 다르다. 이 질문에 대한 답을 얻기 위해 학습장애를 가진 8세에서 11세 사이의 아동집단을 2년 동안 추적 연구했다(Alloway, 2009). 개인지도와 특수반 같은 특별교육지원을 받고 있었음에도 불구하고, 이들의 학업수행은 반에서 최하위였다. 학업성적은 나아지지 않았고 이들은 여전히 힘들어했다. 또한 학업에서의 좌절이 심해지면서 행동문제가 나타나기 시작했다. 왜 이들의 성적은 조금도 좋아지지 않은 것일까? 이들의 작업기억 검사결과를 자세히 살펴보았더니 모두 작업기억 점수가 낮은 것으로 드러났다. 이와 같은 작업기억 부족은 이들이 수업에서 정보를 완전히 흡수하지 못한다는 것을 의미한다. 이것은 마치 바람이 빠진 타이어로 자전거경기에 나간 것과 같다. 다시 말해서, 작업기억에 대한 지원 없이는 이들이 학습에서 큰 진전을 이루기 어렵다.

작업기억과 IQ

학업성적을 예측하는 데 있어서 IQ는 작업기억만큼 신뢰할 만한 정보가 못된다. 이 연구결과가 암시하는 바는 매우 중요하다. 여전히 학업성취의 핵심적인 예측 요인으로 여겨지는 IQ가 그다지 유용한 기준이 아니라는 점을 시사하기 때문이다. 앞에서 소개한 앤드류처럼 IQ점수는 평균인데도 학업에서 낮은 성과를 보이는 학생들이 있다. IQ검사는 사전에 학습한 지식을 측정하기 때문이다. 만일 학생이 IQ검사에서 높은 점수를 기록한다면 그것은 검사에 나온 정보를 이미 알고 있기 때문이라는 것이다.

흔히 사용되는 IQ 측정도구는 어휘검사이다. '자전거' 또는 '경찰' 같은 단어에 대한 정의를 알고 있으면 그 학생은 높은 IQ점수를 받을 수 있다. 만일 이런 단어들의 정의를 모르거나 정확히 설명할 수 없으면 낮은 IQ점수를 받는다. IQ검사는 학생이 얼마나 많이 알고 있는지 그리고 이 지식을 얼마나 잘 말할 수 있는지를 측정하고 있다는 점에서 작업기억 검사와는 매우 다르다.

IQ점수는 아동의 성장배경과 경험에 따라 변화한다. 서로 다른 두 학교에서 연구프로젝트를 진행한 적이 있는데, 한 학교는 도시의 개발된 지역에 위치하고 다른 하나는 사회경제적 수준이 낮은 지역에 위치했다(Alloway et al., 2014). 프로젝트의 일환으로 어휘검사를 이용하여 학생들의 IQ검사를 했다. 어휘 중 하나, 예컨대 '경찰'에 대해서 두 지역의 학생들은 매우 상이한 반응을 보였다. 즉, 도시학생들은 '안전' 또는 '제복'과 연관된 정의를 제시한 반면, 사회경제적 수준이 낮은 지역의 학생들은 '나는 경찰이 싫다' 또는 '경찰은 아빠를 잡아갔기 때문에 나쁘다'와 같은 응답을 제시했다. 둘 다 아동의 직접적인 경험에서 나온 것이지만 도시출신 아동들의 응답만 IQ매뉴얼에 제시된 정의와 일치했다.

작업기억이 IQ보다 학업성공을 더 잘 예측하는 이유는 학생의 학습잠재력을 측정하기 때문이다. 일련의 숫자 목록을 제시된 순서와 반대로 기억하는 과제는 가장 흔한 작업기억 검사 중의 하나이다. 학생이 이 검사에서 어려움을 겪는다면 수를 세지 못하거나 숫자 크기를 이해하지 못해서가 아니다. 심지어 이들이 숫자를 인식(recognition, 개인이 현재 대하고 있는 인물·사물·현상·정보 등을 이전에 보았거나 접촉했던 경험이 있음을 기억해내는 인지활동 — 옮긴이)할 수 있는지 여부도 이 검사에서는 문제가 되지 않는다. 학생이 이와 같은 작업기억 검사에서 어려움을 겪는다면 그것은 이들의 '포스트잇 메모지'가 셋 또는 네 개의 숫자만을 기억할 정도로 충분히 크지 않기 때문이다. 작업기억은 이미 학습한 것이 아니라 학습할 수 있는 능력을 측정하기 때문에, 유치원부터 대학까지 학업성공을 예측하는 데 있어서 IQ보다 훨씬 더 훌륭한 예측력을 갖는다.

작업기억과 충동조절

작업기억은 다른 중요한 능력인 충동조절능력과도 관련이 있다. 1960년대 스탠포드대학교의 심리학자 월터 미셀(Walter Mischel)은 600명 이상의 4~6세 아동에게 마시멜로를 주는 유명한 연구를 했다. 그는 아이들에게 자신이 방을 나갔다가 다시 돌아올 때까지 마시멜로를 먹지 않고 기다리면 한 개 더 받을 수 있다고 말했다. 기다리지 못하는 아동은 탁자 위에 놓아둔 작은 종을 울리면 된다. 그러면 연구자가 돌아와서 마시멜로 한 개를 준다. 연구자가 나가자마자 즉시 마시멜로를 입으로 가져간 아이들도 있었지만, 먹고 싶은 유혹을 참으면서 두 개의 마시멜로라는 더 큰 보상을 얻기 위해 버틴 아이들도 있었다. 유혹에 저항하려면 마시멜로를 먹고 싶은 생각을 멈추고 다른 것으로 주의를 돌리는 계획을 떠올려야 하기 때문에 이것은 작업기억과 관련이 있다.

미셀은 수년 동안 이 아이들을 추적했고 그 결과 충동을 조절하는 능력이 이후의 삶에서 중요한 역할을 한다는 사실을 발견했다. 예를 들어, 1990년 추적 연구에 의하면 충동조절이 뛰어나서 두 번째 마시멜로를 얻기 위해 잘 참았던 아이들은 표준화된 성취도검사(Standardized Achievement Test)에서 더 높은 점수를 받았다. 미셀은 또한 이 아이들이 성인이 된 뒤에 충동조절과 관련된 인지과제를 수행하는 동안 이들의 뇌 활동을 검사했다. 아동기에 마시멜로 유혹에 잘 저항할 수 있었던 성인들은 비슷한 충동조절과제를 수행하는 동안 작업기억의 본거지인 전전두피질이 더 많이 활성화되었다. 그러나 아동기에 마시멜로 유혹을 이길 수 없었던 성인들의 뇌에서는 전전두피질이 활성화되지 않았다. 우리는 작업기억이라는 중요한 인지능력을 사용해서 충동을 조절하고 더 나은 결정을 내릴 수 있으며, 이를 통해서 장기적인 목표도 달성할 수 있게 되는 것이다.

작업기억 부족

'성적표 좀 볼까?'라고 엄마가 질문하는 순간이 다가오고 있는 것에 긴장과 두려움을 느끼면서 벤은 문을 들어선다. 그는 땀에 젖은 손으로 가방에서 성적표를 꺼낸다. 엄마가 한 학기 동안의 결과를 보고 한숨을 쉬면서 '다음에는 더 열심히 노력하자'라고 말한다. 불행하게도 더 열심히 노력한다고 해서 달라지는 것은 없다. 벤과 같은 많은 아이들이 날마다 노력하고 있지만 여전히 학업을 힘겨워한다.

벤과 같은 학생들은 저조한 성적에도 불구하고 학습장애로 진단을 받지는 않는다. 학생이 학업을 잘 따라가지 못하면 교사와 심리학자는 주의력결핍 과잉행동장애(Attention Deficit Hyperactivity Disorder,

ADHD) 또는 난독증(Dyslexia) 같은 특별한 문제에 대한 증거를 찾곤 한다. 만일 증거가 발견되지 않으면 이런 학생들은 대개 성공에 필요한 노력을 기울이려는 의지가 없다거나 '게으르다'는 오해를 받는다. 그러나 이들의 문제점은 작업기억이 부족하다는 것이며, 우리는 이점을 알아야 한다. 작업기억에 대한 지원이 없다면 아무리 많은 노력을 기울여도 이 아이들은 성적을 향상시키지 못할 것이다.

작업기억은 언어 · 수학 · 역사 · 예술에 이르는 모든 학습 분야에 영향을 미친다. 벤이 아무리 열심히 노력해도 또래를 '따라잡지' 못한다. 작업기억 때문에 아이가 유치원에서의 성적이 저조하다면, 이 아이는 고등학교까지도 줄곧 낮은 성적을 받을 것이 거의 확실하다. 연구에 의하면 2년 전에 작업기억 부족으로 진단받은 아이들은 십대가 되어서도 여전히 학교에서의 성적이 매우 저조했다(Alloway, 2009).

아이가 점점 나이를 먹어감에 따라 학습격차는 더 벌어지고 학업에서의 어려움은 학창시절 내내 계속될 것이다. 작업기억 부족으로 학업을 힘겨워하는 6세 아동이 전문가의 개입 없이 또래를 따라잡을 가능성은 거의 없다. 정부지원연구의 일환으로 작업기억이 부족한 6세 아동과 11세 아동의 학업성취도 변화를 비교한 적이 있다(Alloway et al., 2009). 연구결과에 의하면 작업기억의 부족으로 인한 영향은 누적되기 때문에 나이가 들수록 학업성취도가 더욱 크게 감소되었다.

학업성취도에 있어서 이런 차이는 두 연령집단의 교실환경에 의해 어느 정도 설명이 가능하다. 어릴 때는 어른의 도움을 받기도 쉽고 교실에 구비되어 있는 기억보조도구를 사용할 수도 있다. 그러나 학년이 올라갈수록 남에게 의존하지 않고 좀 더 독자적으로 학습해야 하며 자신만의 학습전략을 개발해야 할 수도 있다. 연령이 높은 학생들에게는 교사들도 더 길고 복잡한 문장을 사용하는 경향이 있기 때문에 작업기억의 필요성은 더욱 증가한다. 작업기억이 부족하다는 것은 핵심적인 학습기술과 개념을 습득하는 데 어려움을 겪게 될 것을 의미한다. 학습에 있어서 이런 기초능력이 없으면 또래를 따라갈 수가 없다. 학년이 올라갈수록 점점 더 어려워지는 수업내용과 부실한 기초학습이 합해지면서 또래에 뒤처지게 되는 것이다.

작업기억의 조기 진단과 지원이 그토록 중요한 이유가 바로 이것이다. 대학생 나이의 자녀를 둔 학부모가 눈물을 글썽이며 한탄하는 경우를 드물지 않게 만난다. 그들은 자녀가 더 어릴 때 작업기억에 대해 알았더라면 얼마나 큰 도움이 되었을지를 생각하며 아쉬워한다. 그리고 지금 대학교에 다니는 자녀가 시험을 치를 때마다 얼마나 큰 어려움을 겪고 있는지 마음 아파한다. 기쁜 소식은 작업기억을 변화시키면 이들의 성적이 변화될 수 있다는 것이다.

작업기억과 학습장애

일부 학생들은 부족한 작업기억뿐만 아니라 학습장애도 있다. 사실, 학습장애가 있는 학생은 작업기억도 부족하다. 학습장애가 있는 학생들은 이중 결핍(double deficit), 즉 '가장 근간이 되는 핵심 문제점'과 작업기억 부족에 시달리고 있는 것이다. 이 책에 나오는 각각의 학습장애는 매우 상이한 '핵심 문제점'을 가지고 있다. 예를 들어, 난독증(Dyslexia) 학생은 읽기에 어려움을 겪고, 난산증(Dyscalculia) 학생은 수학을 힘들어한다. 발달협응장애(Developmental Coordination Disorder, DCD)를 가진 학생은 운동장애를 겪고, 주의력결핍 과잉행동장애(Attention Deficit Hyperactivity Disorder, ADHD) 학생은 행동을 억제하고 조절하는 것이 어렵다. 또한, 자폐스펙트럼장애(Autistic Spectrum Disorder, ASD)를 가진 학생은 언어와 사회적 기술이 제한적이고, 불안장애(Anxiety Disorder)가 있는 학생은 걱정스런 생각으로 작업기억이 과부하 상태일 수 있다.

이렇게 서로 다른 특성을 가지고 있음에도 불구하고 이들 집단 간에 어떤 공통점이 있을까? 이들은 모두 작업기억 용량이 작다는 공통점을 갖고 있다(도표 1.2). 작업기억이 각 장애의 핵심 문제점을 유발한다고 말하려는 것이 아니다. 각 장애와 작업기억은 별개의 문제로 공존한다. 그러나 궁극적으로는 작업기억 때문에 학습에서 어려움을 겪게 된다. 예를 들어, 작업기억의 결핍이 발달협응장애(DCD)를 가진 학생에게서 운동장애를 야기하는 것은 아니지만, 이들의 빈약한 작업기억은 학습장애를 유발한다(5장). 이 책에서는 장애 유형마다 작업기억의 강점과 약점 부분이 각기 다르다는 것을 배울 것이다. 이것이 무엇인지를 안다면 우리는 대상별로 맞춤 지원을 함으로써 그들의 학습을 극대화할 수 있을 것이다.

이 책에서 다루는 각각의 장애, 즉 읽기 및 수학장애, 발달협응장애, 주의력결핍 과잉행동장애, 자폐스펙트럼장애, 불안장애는 모두 정신장애 진단 및 통계편람(Diagnostic and Statistical Manual of Mental Disorder, DSM-5로 알려진 5판, APA, 2013, 이하 DSM-5)에 어떤 형태로든 나와 있다. 미국정신의학회(American Psychiatric Association)가 출간한 이 책은 장애에 관한 주요 참고서적이다. 진단 준거는 전 세계 임상의, 연구자, 그 밖의 관련 전문가가 사용하고 있는 소중하고 신뢰할만한 자원을 제공하고 있다. DSM-5에 포함되면 장애로 인정받는데 도움이 된다. DSM-5에 나오는 장애로 진단받게 되면 그 학생에게는 특수교육을 받을 자격이 주어지며, 또한 장애와 학업성적 부진과의 연관성이 입증되면 지원받을 자격을 정당하게 얻을 수 있다.

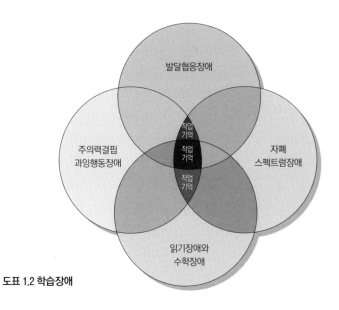

도표 1.2 학습장애

책의 개요

　앞으로 나오는 모든 장에서는 학습장애를 기술하고(무엇), 장애를 가진 학생의 뇌를 들여다보며(어디), 이들의 독특한 작업기억 특성(왜)과 작업기억을 지원하기 위한 교실전략(어떻게)에 대해 살펴볼 것이다. 전략에는 두 가지 종류가 있다. 즉, 학급의 모든 학생에게 적용할 수 있는 일반 작업기억 전략(general working memory strategies)과 각각의 학습장애를 위한 특수 작업기억 전략(specific working memory strategies)이다. 마지막 장(9장)에서는 학습이라는 여정 내내 학생들에게 힘이 되어줄 도구를 제공한다. 학습장애를 겪는 학생을 지원하는 목적은 이들이 수업을 따라가는 것은 물론이려니와 더욱 더 성장할 수 있도록 돕는 데 있다. 이 책에 나와 있는 전략은 단계적 발판과 지원을 제공함으로써 학생들의 잠재적 작업기억 용량을 극대화하고 학습을 촉진할 것이다. 이 전략들은 교실환경에서 교육과정에 쉽게 통합될 수 있고 특정 학생을 위한 개별교육프로그램(Individual Education Program, IEP)을 개발하는 데 사용되도록 설계되었다. 여기서 소개되는 전략은 자폐스펙트럼장애(ASD)를 가진 학생을 위한 사회성훈련프로그램이나 주의력결핍 과잉행동장애(ADHD)학생의 행동수정프로그램처럼 핵심적인 결핍을 지원하는 기존의 프로그램을 보완할 수도 있다. 각 장은 다음과 같은 내용을 포함하고 있다.

- 따라해 보세요: 직접 해보기를 통해 독자가 내용을 이해할 수 있는 기회를 제공한다.
- 과학상식: 각 장과 관련된 흥미로운 최신 연구정보를 제공한다.
- 쟁점토론: 장애와 관련하여 쟁점이 되고 있는 주제를 소개한다.

작업기억은 당신과 같은 교사를 필요로 한다. 지난 20년 동안 수백 개의 논문과 책에서 발표된 연구들이 효과를 발휘하기 위해서는 작업기억에 문제가 있는 학생을 발견하고 이들을 기꺼이 도우려는 교사가 필요하다. 작업기억은 기초적인 인지능력이지만 변화를 가져오기 위해서는 당신과 같은 교사가 필요하다.

📋 **SUMMARY**

1 작업기억은 정보를 가지고 '작업'하는 능력이다. 다시 말해서, 작업기억은 뇌 속에 있는 포스트잇 메모지와 같다.

2 작업기억은 학생이 이미 배운 내용이 아니라 **학습잠재력**을 측정하기 때문에 IQ보다 학업성취도를 더 잘 예측한다.

3 읽기장애, 수학장애, 발달협응장애, 주의력결핍 과잉행동장애, 자폐스펙트럼장애, 불안장애에 이르는 광범위한 학습장애에서 작업기억 부족이 공통적으로 나타난다.

CHAPTER

2

작업기억 진단

**UNDERSTANDING
WORKING MEMORY**

학습에 영향을 미치는 작업기억 장애를 겪는 학생들이 있다는 사실을 점점 많은 교사가 인식하고 있다(Alloway et al., 2012). 일반 학급의 약 10-15퍼센트 학생들이 작업기억 장애를 겪고 있지만 실제로 확인되는 학생은 극소수에 불과하다(Alloway et al., 2009a). 그 이유는 대부분의 작업기억 검사가 심리측정 검사에서의 경험을 요구하고, 검사 관리자 입장에서 해야 할 일이 많은 표준 IQ검사의 일부로 실시되기 때문이다. 이런 검사를 관리할 자격을 갖춘 사람들은 제한되어 있기 때문에 실제 작업기억에 문제가 있는 학생들보다 훨씬 적은 소수의 학생들만이 검사를 받고 있다. 따라서 작업기억 장애를 가진 대다수의 학생은 여전히 파악되지 않은 채로 있다. 이런 학생들이 누구인지 모르기 때문에 적절한 지원을 해줄 수가 없고, 이들 다수는 결국 학창시절 내내 학업으로 힘들어하게 된다. 지난 10년 동안 작업기억자동평가(AWMA; Alloway, 2007a)라고 불리는 과학적인 검사도구가 개발되면서 정확한

작업기억 측정을 통하여 학생의 인지건강에 적극 개입하려는 교사와
학교 심리상담사들이 이를 사용할 수 있게 되었다.

작업기억자동평가

작업기억자동평가(Automated Working Memory Assessment, 이하
AWMA)는 심리검사에 익숙하지 않은 사람들도 사용할 수 있게 설계되
었기 때문에 정확한 작업기억 진단이 절실한 학생들이 검사를 받지 못
하는 일은 더 이상 발생하지 않는다. 작업기억자동평가(AWMA)의 특
징은 다음과 같다.

자동화: 작업기억자동평가는 컴퓨터 기반의 자동화된 평가도구이다.
시행하는 게 대단히 쉬워서 검사 관리자가 하는 일도 거의 없다. 교사
나 학교 심리상담사는 학생의 이름과 생년월일 같은 신상정보를 입력
하고 검사를 위해 '시작'버튼을 누르면 된다. 다음과 같은 세 가지 버전
이 있다.

- 선별 버전(5-10분)
- 간이 버전(20분)
- 정식 버전(30분)

학생이 검사를 마치면 작업기억자동평가는 자동적으로 표준점수와 백분율을 비롯하여 학생의 작업기억 특성(working memory profile)이 포함된 상세한 보고서를 생성한다. 완전히 자동화된 작업기억자동평가의 장점은 작업기억 검사의 채점과 관리 양쪽에서 실험자 오류의 감소에 있다.

작업기억: 교실에서의 작업기억은 두 가지 기본 요소인 언어작업기억(단어/언어 · 숫자)과 시공간작업기억(형태 · 패턴 · 수직선)으로 구분된다. 교사가 학생들의 시공간작업기억과 언어작업기억 특성을 알면 학생 개개인의 강점과 약점을 파악할 수 있기 때문에 대단히 유용하다. 예를 들어, 어떤 학생에게 언어작업기억에 장애가 있다는 것을 알게 된다면, 교사는 지시를 할 때 더 짧게 말함으로서 그 학생이 반 아이들에게 뒤처지지 않고 과제를 계속하게 해줄 수 있다. 만일 학생이 시공간작업기억에 문제가 있고 이것이 수학성적에 영향을 미치고 있다는 것을 알게 되면, 교사는 학생의 숫자감각을 훈련시켜서 문제해결 과정에서 작업기억 공간을 최대로 활용하게 할 수도 있다.

다양한 자극: 작업기억자동평가(AWMA)는 다양한 자극을 이용하여 언어작업기억과 시공간작업기억을 검사한다. 예를 들어, 언어작업기억 검사에는 글자와 숫자가 모두 사용되고 시공간작업기억 검사에는 점의 위치와 삼차원 블록배열이 포함되어 있다. 작업기억자동평가는 검사결과가 작업기억을 정확하게 반영하도록 한 가지 형태 이상의 자극

을 사용하며, 작업기억을 종합적으로 평가한다. 이것은 학습장애를 가진 학생들에게 특히 유용한데 이들의 핵심적인 결핍 요소가 작업기억 수행에 영향을 미칠 수 있기 때문이다. 예컨대, 수학에 어려움을 겪는 학생은 숫자를 사용한 검사에서 수행이 더욱 낮을 수 있다. 그러나 글자를 이용하는 언어작업기억 검사가 포함되어 있다면 숫자에 약한 그들의 약점과는 상관없이 작업기억 용량을 알아낼 수 있다.

작업기억 순 용량 측정: 표준화된 작업기억 검사 중에는 자극으로 문장을 사용하는 경우도 있는데, 이렇게 되면 평가가 부정확할 수도 있다. 무작위로 섞인 일련의 단어 · 글자 · 숫자 목록보다 문장 형태로 정보가 주어질 때 거의 두 배 이상 기억할 수 있다는 사실이 연구에서 밝혀졌기 때문이다. 예를 들면, 우리는 다음의 단어들이 무작위로 제시될 때보다(under, the, through, fox, the, and, the, grass, log, crawled) 동일한 단어들이 문장으로 제시될 때(The fox crawled through the grass and under the log) 더 잘 기억한다. 문장 속의 의미적 · 문법적 단서로 인해 기억하기가 훨씬 쉽기 때문이다. 이처럼 문장을 사용하는 작업기억 검사는 작업기억 수행을 인위적으로 촉진시킬 수 있고, 그 결과 실제 작업기억 결함이 발견되지 않을 수 있다.

이와는 대조적으로 작업기억자동평가에 포함되어 있는 언어작업기억 검사들은 무작위로 섞인 글자 · 단어 · 숫자를 사용하기 때문에 기억을 촉진시키는 단서가 존재하지 않는다. 따라서, '순수하게' 작업기억 용량만을 측정한 것으로 볼 수 있고, 학생의 작업기억 공간의 크기를 더 잘 알아낼 수 있다.

수검자 용량을 고려한 검사 절차: 작업기억자동평가(AWMA)는 기억 범위를 늘려가면서 측정하는 방식이라 아동과 성인 모두에게 적합하다. 기억해서 처리해야 할 항목의 수는 수검자가 힘들어하기 시작할 때까지 점진적으로 늘려간다. 작업기억 용량은 수검자가 정확하게 기억해서 처리할 수 있는 항목의 수로 결정되고, 일단 수검자가 한계에 도달하면 작업기억자동평가는 검사를 멈춘다.

작업기억자동평가

언어작업기억

Q. 친구에게 글자 B를 읽어달라고 하세요. 이제 도표 2.1에 있는 글자를 보세요. 방금 들었던 글자와 동일한가요?

도표 2.1 언어작업기억

Q. 방금 들었던 글자를 기억하나요?

시공간작업기억

Q. 도표 2.2를 보세요. A는 B와 같은 손에 공을 들고 있나요?

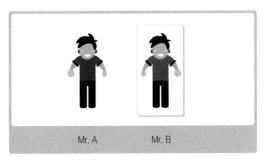

도표 2.2 시공간작업기억

Q. 도표 2.3의 나침반에서 A가 들고 있는 공의 위치에 손을 대보세요.

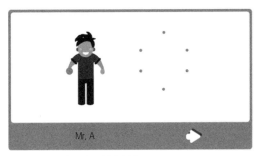

그림 2.3 시공간작업기억(계속됨)

여기에서 보이는 것처럼 작업기억자동평가는 한 개의 항목부터 시작한다. 성공하면 점점 더 많은 항목이 추가되고 수검자는 제시된 글자와 공의 위치를 모두 정확한 순서로 기억해야 한다.

평가: 표준평가의 중요한 특성은 신뢰도와 타당도이다. 이것은 검사 관리자에게 이 평가도구가 측정하고자 하는 것을 정확하게 측정하고 있다는 확신을 준다.

타당도: '예측타당도(predictive validity)'는 성적 같은 특정 결과를 검사가 얼마나 정확하게 예측할 수 있는가를 말한다. 작업기억이 학습과 관련 있다는 사실이 연구에서 밝혀졌기 때문에, 작업기억자동평가(AWMA)에 대한 예측타당도가 의미하는 바는 작업기억 점수가 낮은 학생은 학업성적도 낮으리라는 것이다. 실제 3,000명 이상의 학생을 대상으로 한 대규모 연구에서 다음과 같은 패턴이 확인되었다. 작업기억이 부족한 학생 대다수는 언어, 수학, 어휘의 표준검사에서도 점수가 낮았다(Alloway et al., 2009a).

작업기억자동평가 점수는 학창시절 내내 교실활동에서 특별한 도움이 필요한 학생을 파악하는 데에도 사용될 수 있다. 여러 과학적 연구에 따르면 작업기억은 유치원에서 대학에 이르기까지, 언어 · 수학 · 역사 · 예술에 이르는 광범위한 과목에서의 학업성공을 예측한다(Cowan & Alloway, 2008). 작업기억자동평가와 학습 사이의 이런 예측 관련성은 정상적인 발달을 보이는 학생들뿐만 아니라 학습장애를 가진 학생들과 뛰어난 재능이 있는 학생들에게서도 발견된다.

신뢰도: 작업기억자동평가는 '신뢰할 수 있는(reliable)' 작업기억 측정도구이다. 검사를 여러 번 해도 비슷한 결과가 일관되게 나온다면 그 검사는 신뢰도가 높다고 할 수 있다. 검사할 때마다 점수가 크게 다르

면 그 검사는 신뢰할 수 없다는 의미이고, 매번 비슷한 점수가 나오면 그 검사는 신뢰할 수 있다는 의미이다. 신뢰도를 알아내기 위해서 수백 명의 학생들에게 작업기억자동평가 검사를 실시하고 6주 내지 1년이나 되는 시간 간격을 두고 재검사를 실시했는데, 재검사에서도 처음과 매우 비슷한 점수가 나왔다. 이것은 작업기억자동평가의 작업기억 점수가 일관성이 있다는 의미이다. 즉, 작업기억자동평가의 신뢰도가 높다는 뜻이다(Alloway et al., 2008b).

문화적 편향 없는 측정: 작업기억자동평가의 중요한 특징은 작업기억 점수가 환경요소의 영향에서 비교적 자유롭다는 것이다. 예컨대, 취학 전 교육이나 사회경제적 지위(socio-economic status, SES)와 같은 환경적 요인은 지식기반 검사에 영향을 미친다. 지식기반 검사(knowledge-based test)와는 대조적으로 작업기억은 이미 학습한 것이 아니라 학습할 수 있는 능력을 측정한다. 작업기억자동평가는 지식기반 검사가 아니며 따라서 학습잠재력만을 측정한 '순수' 측정치를 제공한다.

우리는 정부지원연구의 일환으로 작업기억 검사를 비롯한 다양한 인지검사를 수백 명의 유치원생(5-6세)에게 실시한 적이 있다. 취학 전에 얼마나 오랫동안 유치원에 다녔는지에 대해서도 관심이 있었다. 유치원에 다니는 아동은 색깔·숫자·글자·자기 이름쓰기와 같은 기초 학습과정을 습득한다. 유치원을 오랜 다닌 아동은 이런 학습경험에 노출된 결과로 작업기억이 더 좋을까? 놀랍게도 연구결과 밝혀진 사실은 유치원에 다닌다고 해서 작업기억 점수향상과 같은 의미 있는 차이는 없었다는 것이다(Alloway et al., 2004, 2005).

이제 또 다른 중요한 요인인 사회경제적 지위(SES)를 살펴보자. 사회경제적 지위를 측정하는 데 흔히 사용되는 지수가 어머니의 교육수준이다. 1장에서 소개한 앤드류를 떠올려보자. 앤드류의 어머니가 박사인 경우와 학교를 일찍 중퇴한 경우 그의 작업기억 점수에 차이가 있을까? IQ점수라면 어머니의 교육수준에 따라 차이가 있다. 즉, 부모가 대학교육을 받은 아동은 정규 졸업증도 없이 학교를 일찍 중퇴한 부모의 아동보다 IQ검사결과가 더 우수하다. 그 이유는 고학력 부모일수록 자녀를 잘 가르칠 확률이 더 높기 때문이다. 부모가 더 많이 가르칠수록 자녀는 더 많이 배우게 되고, 전형적인 지식기반 테스트인 IQ검사에서 높은 점수를 받을 가능성도 높아진다.

동일한 연구(Alloway et al., 2004)에서 부모의 최종 학력을 조사했는데, 부모의 교육수준이 작업기억 점수에 영향을 미치는지 알아보기 위해서였다. 여기에서도 또다시 결과는 놀라웠다. IQ와 달리 작업기억 점수는 어머니의 교육수준과 전혀 관련이 없었다. 이것이 의미하는 바는 배경이나 환경의 영향에 구애받지 않고 아동은 누구나 비슷한 학습 잠재력을 가질 수 있다는 것이다.

이제 경제적 배경이 작업기억에 영향을 미치는지 여부를 좀 더 직접적으로 살펴보자. 브라질의 낙후된 지역에 살고 있는 학생들의 교실을 생각해보자. 이 학생들에게 불리하게 작용하는 요인들은 너무나 많다. 초등학교를 졸업하는 학생들은 15퍼센트에도 미치지 못한다. 대부분의 학생들은 읽기를 배우지도 않고 학교를 그만둔다. 학교는 교사들에게 급여를 많이 지불할 형편이 안 되고, 남아있는 교사들도 제대로 된 훈련과 능력을 갖춘 사람들이라고 보기 어렵다. 이런 지역의 학생들이 고소득 계층의 또래들과 동등한 능력과 잠재력을 갖고 있을 수 있을까? 동료 여럿이서 이 가설을 검증해 보기로 했다(Engle et al., 2008). 이들은 브라질의 고소득층과 저소득층 학생들에게 언어능력 검사뿐만 아니라 포르투갈어로 번역된 작업기억자동평가를 사용하여 작업기억 검사를 실시했다. 사회경제적 지위가 높은 계층의 학생들은 단어와 각각에 해당되는 정의를 연결하는 언어능력 검사에서 대단히 우수한 점수를 받았다. 이들은 검사에 출제된 단어들을 사용해본 경험이 많았기 때문에 사회경제적 지위가 낮은 학생들보다 단어지식이 더 많았다. 그러나 작업기억자동평가 결과 작업기억 점수에서는 저소득층의 또래와 차이가 없었다.

네덜란드의 동료 연구자들(Messer et al., 2010)도 (부모의 교육수준과 연동된) 전형적인 저소득층 지역에 거주하는 이민가정 학생들과 상대적으로 더 부유한 원어민 학생들 간의 차이를 검증했는데 위와 비슷한 패턴의 결과를 발견했다. 저소득 이민가정의 학생들은 모국어로 치른 작업기억자동평가 검사결과 작업기억 점수가 또래 원어민과 비슷했다. 영국의 부유한 학생들과 가정환경이 불우한 학생들을 비교한 우리의 연구에서도 사회경제적 배경이 작업기억 점수에 영향을 미치지 않는다는 사실이 발견되었다(Alloway et al., 2014). 여러 국가에서 수행된 연구결과 다음과 같은 일반적인 패턴을 도출할 수 있었다. 즉, 작업기억 검사는 환경이나 문화의 영향을 받지 않는다. 다시 말해서, 작업기억 검사는 학생의 학습잠재력만을 측정한다.

작업기억평가척도

학생의 작업기억에 문제가 있다는 생각이 들면 교사는 신속하고 객관적으로 학생의 작업기억 특성(Working memory profile)을 확인할 필요가 있다. 작업기억평가척도(Working Memory Rating Scale, 이하 WMRS)는 학생의 교실행동을 기반으로 작업기억에 결함이 있는 학생을 손쉽게 확인할 수 있도록 개발된 교사용 체크리스트이다. 여기서는 작업기억이 부족한 학생의 행동 특성을 20개의 진술문으로 정리했다. 예시 항목으로는 '활동을 끝마치지 못하고 중단한다' '이미 시작했던 활동을 교사의 설명에도 불구하고 어떻게 계속해야 할지 잊어버린다'가 있다. 교사는 특정 학생의 각 행동 특징이 얼마나 전형적인지를 0(전혀 그렇지 않다), 1(가끔 그렇다), 2(상당히 그렇다) 3(매우 그렇다)의 4점 척도를 이용해서 평가한다.

작업기억평가척도(WMRS)를 개발하게 된 계기는 작업기억 점수는 낮지만 IQ는 평균점수인 학생들에 대한 관찰연구를 수행하면서부터였다. 이런 학생들은 교사의 지시사항을 자주 잊어버리고, 정보의 처리와 저장을 동시에 요구하는 과제를 힘겨워하며, 복잡한 과제를 따라가지 못하는 일이 많았다. 결과적으로 이들이 가장 흔히 보이는 행동은 과제를 끝까지 완수하지 못하고 포기하는 것이었다.

이러한 교실관찰 연구는 정부지원연구로 이어졌는데, 우리 팀은 교실에서 학생의 행동을 관찰하고 학생에 대한 교사의 '내부 관점'을 통해 배운 이 모든 정보를 학생의 인지적 특성과 연결할 수 있었다. 작업기억평가척도는 학교, 교사, 학생의 협조와 지원으로 얻은 결과물이다. 이와 같은 방대한 정보를 토대로 작업기억 장애와 일관되게 연관이 있는 행동 유형을 파악하고 개선할 수 있었다.

초기 선별: 작업기억평가척도(WMRS)는 단일 척도로 오직 작업기억과 관련된 장애에만 초점을 맞추기 때문에, 작업기억평가척도를 사용하기 전에 어떤 심리측정 평가훈련도 받을 필요가 없다. 작업기억평가척도는 작업기억 장애를 겪을 위험성이 있는 학생들을 파악하는 선별도구로서 유용할 뿐만 아니라, 작업기억 장애로 인한 문제가 빈번히 발생하는 교실상황과 작업기억 장애 학생들이 전형적으로 보이는 장애의 특징을 실증적으로 보여준다는 점에서도 가치가 있다.

연령기반 표준: 점수는 연령에 따른 표준점수로서 그것이 각 연령대에서 전형적으로 나타나는 교실행동이라는 의미이다. 작업기억평가척도에 있는 한 항목을 보면 '쓰기과제를 할 때 단계마다 무엇을 할지 정기적으로 상기시켜줄 필요가 있다'라고 되어 있다. 교사는 학생이 이런 행동을 얼마나 자주 하는지 평가하고 그 점수를 매뉴얼에 있는 검색표

와 비교한다. 5세 아동은 당연히 10세 아동보다 더 자주 기억을 환기시켜줘야 하고, 작업기억평가척도의 점수는 이점을 반영하고 있다.

해석의 용이성: 학생의 검사결과를 해석하기 쉽도록 검색표의 표준점수는 색상으로 표시되어 있다. 예를 들어, 초록색 범위 내의 점수는 학생에게 작업기억 장애가 있을 가능성이 없다는 의미이다. 점수가 노란색 범위 내에 있으면 작업기억에 장애가 있다는 것을 시사하며 이 학생에게는 추가적인 검사가 권장된다. 빨간색 범위에 있는 점수는 학생의 행동이 작업기억 장애와 관련이 높기 때문에 집중적인 지원이 필요하다는 의미이다.

타당도: 작업기억평가척도(WMRS)의 타당도는 코너스 교사용 평가척도(Conners' Teacher Rating Scale, CTRS)와 집행기능 행동평가목록(Behavior Rating Inventory of Executive Function)과 같은 행동평가척도에 비해서 우수한 것으로 입증되었는데, 이로써 작업기억평가척도는 다른 행동장애가 아니라 작업기억 장애를 발견하는 효과적인 검사도구임이 확실해졌다. 작업기억평가척도는 ADHD(주의력결핍 과잉행동장애)유형의 행동과는 다른 행동을 측정하므로 작업기억 장애가 있는 학생을 파악하는 데 신뢰도가 높은 것으로 드러났다(Alloway et al., 2010b).

또한 작업기억(AWMA를 포함하여), IQ, 학업성취도와 같은 인지검사와 작업기억평가척도를 비교해보니 작업기억평가척도에서 작업기억 장애로 확인된 학생 대부분은 작업기억 점수도 낮고 학업성적도 낮을 가능성이 더 높았다(Alloway et al., 2010a). 작업기억평가척도는 작업기억 장애를 발견하여 그에 맞게 집중적으로 지원할 수 있도록 유용한 도구를 제공한다.

다른 표준검사를 사용한 작업기억 진단

학습에서 작업기억이 중요하다는 인식이 점점 늘어나는 것을 입증하듯이, 이제 대부분의 표준화된 지능종합검사에는 작업기억 평가항목이 포함되어 있다. 지금부터 설명할 것은 널리 사용되는 몇몇 평가도구에 포함된 작업기억 검사들인데, 교육자로서 아마도 한 번쯤은 접하게 될 것이다.

웩슬러 아동용 지능검사

웩슬러 아동용 지능검사(Wechsler Intelligence Scale for Children, 이하 WISC)는 6-16세 아동의 인지능력을 평가하는 표준화 검사도구로, 개정판에는 작업기억 지수가 포함되어 있다. 작업기억 지수의 중요한 단점 한 가지는 언어정보에 과도하게 의존하고 있다는 점이다. 따라서 언어능력이 떨어지는 학생은 작업기억의 문제 때문이 아니라 단지 검사자료의 유형 때문에 검사결과가 나쁘게 나올 수 있다. 더욱이 이 학생의 시공간작업기억은 우수할 수 있는데도 웩슬러 아동용 지능검사(WISC)의 작업기억 지수로는 확인이 안 된다. 웩슬러 아동용 지능검사에 포함된 작업기억 검사는 다음과 같다.

기억 가능한 숫자범위: 수검자는 일련의 숫자를 듣고 한 번은 제시된 순서대로, 다른 한 번은 역순으로 말한다. 들은 순서대로 외우는 숫자범위 점수와 거꾸로 외우는 역순 숫자범위 점수를 결합한 이 방식은 언어단기기억과 언어작업기억을 합한 것이다. 이런 검사에서는 수검자가 숫자를 거꾸로 기억하는 역순 숫자범위 과제는 못해도 순서대로 기억하는 숫자범위 과제는 잘할 수 있으므로 작업기억 점수가 인위적으로 높아질 수 있다.

글자-숫자 혼합배열: 무작위로 섞인 일련의 글자와 숫자가 제시되고 나면(예컨대, T-3-H-7-C-5), 수검자는 숫자는 숫자 순서대로 글자는 알파벳 순서대로 기억해야 한다. 이 검사항목에서는 수검자가 숫자 배열 및 알파벳에 대한 지식을 얼마나 갖고 있느냐에 따라 검사결과가 크게 달라진다. 작업기억에 문제가 있어서라기보다는 알파벳이나 숫자의 순서를 터득하지 못해서 검사결과가 나쁘게 나올 수도 있다.

암산: 암산문제로 구성된 보충검사도 작업기억 지수를 측정하기 위한 것이지만, 이 검사는 수학실력과 작업기억을 합한 것이라서 작업기억을 직접적으로 측정한다고 보기는 어렵다.

우드콕존슨 인지능력검사

우드콕존슨 인지능력검사(Woodcock-Johnson Tests of Cognitive Abilities, 이하 WJ Cog)는 특히 북미지역에서 인지능력을 평가하는 데 일반적으로 사용된다. 여기에는 작업기억을 측정하는 세 개의 하위 검사항목이 있으며 다음과 같다.

숫자 역순으로 외우기: 이 검사항목에서 수검자는 일련의 숫자(2개에서 7개)를 듣고 역순으로 외워야 한다. 앞에서 설명했듯이 이 검사는 작업기억을 평가하는 데 있어서 타당도가 매우 높은 방식이다. '숫자를 들은 순서대로' 외우는 과제는 포함되어 있지 않아서 오직 언어작업기억만을 측정한다는 장점이 있다.

청각작업기억: 이 검사항목은 웩슬러 아동용 지능검사(WISC)의 글자-숫자 혼합배열 과제와 유사하다. 수검자는 일련의 단어와 숫자를 듣고 나서(예컨대, 소년-1-4-비누-6) 먼저 단어를 외우고 이어서 숫자를 외워야 한다. 주어진 예제에 대한 정답은 '소년-비누-1-4-6'이다. 이 검사는 웩슬러 아동용 지능검사의 글자-숫자 혼합배열 과제와 비슷한 비판을 받지만, 작업기억과 분할주의(divided attention, 둘 이상의 대상이나 과제에 동시에 주의를 주는 것. 이를 위해서는 주의를 분할하여 각 대상이나 과제에 할당해야 함 — 옮긴이)를 모두 측정하는 것으로 여겨진다.

단어기억: 수검자는 구두로 제시되는 단어 목록을 듣고 들은 순서대로 단어를 외워야 한다. 이 검사는 작업기억을 측정한다기보다는 단기기억을 측정한다. 정보를 잘 기억하는 학생은 이 검사항목에서 높은 점수를 받을 수 있지만 들은 정보를 처리하는 것은 잘 하지 못할 수 있다.

표준점수의 이해

이 장에서 설명하는 종합검사들은 검사 관리자에게 표준점수와 백분위를 제공한다. 표준점수는 한 학생의 점수를 같은 연령대의 다른 학생들의 점수와 비교하여 설명하는 방식이다. 예를 들어, 5년 4개월 된 아동을 검사한다면 그들의 점수는 5년 0개월에서 5년 11개월 사이에 있는 다른 아동들의 점수와 비교한 상대평가 점수이다. 대부분의 학생들은 평균범위에 속한 표준점수를 받는다. 표준점수가 130점 이상이면 최상위 점수이고, 70점 미만이면 최하위 점수이다. 이런 양 극단의 점수를 받는 학생들은 극히 소수이다.

- 85점 미만의 표준점수: 평균 이하
- 85점에서 115점 사이의 표준점수: 평균
- 115점 이상의 표준점수: 평균 이상

이런 점수를 받으면 수업을 어떻게 지원해야 할까? 어떤 학생의 표준점수가 평균 이하(85점 미만)라면 이것은 곧 그 학생의 작업기억에 결함이 있으며 학습장애로 이어진다는 의미이다. 결과적으로 이런 학생은 교육과정 조정과 같은 특수교육서비스를 제공받을 수 있다. 작업기억자동평가(AWMA)를 사용하여 학급 전체를 대상으로 전수조사를 실시하는 학교는 학생의 작업기억 강약점에 맞추어 교육과정을 조정할 수 있다.

팀 접근법

작업기억에 장애가 있는 학생을 파악했다면 그 다음으로는 어떤 조치를 취해야 할까? 무엇보다도 먼저 학교 차원의 관심을 이끌어내는 것이다. 교사가 그 학생의 요구사항을 인식하고 그것을 지원하기 위해 노력할 때면 언제나 놀라운 일이 벌어진다. 그 학생이 작업기억 장애가 있다는 것을 알지 못하는 다른 교사에게 맡겨진다면 상황이 얼마나 절망스럽겠는가. 교사와 학생 모두 학습에 대한 개개인의 요구사항을 알고 무엇이 가장 효과적인지를 다음 시간 교사와 공유할 수 있어야 한다. 이러한 환경을 조성하는 것은 대단히 중요하다.

교사들은 심리학자 및 임상의들과 협력해 정확한 진단과 통합적인 지원프로그램을 제공할 수 있다. 이 책에서 다룬 모든 학습장애 중에서 학생의 장애가 난독증인지, 난산증인지, 발달협응장애(DCD)인지, 주의력결핍 과잉행동장애(ADHD)인지, 자폐스펙트럼장애(ASD)인지, 불안장애인지 교사는 진단할 수 없다. 그렇지만 교사는 학생이 교실에서 하는 행동을 보고 그들의 장애가 학습에 어떤 영향을 미치는지를 평가할 수 있는 독특한 위치에 있다. 이 과정에서 교사는 아동이 일상활동을 어떻게 해나가는지 알려주는 눈과 귀의 역할을 한다고 할 수 있다. 교사는 정기적으로 학생들을 보고 다른 학생들과 비교하여 평가할 수 있다. 교사의 이런 관점을 당연하게 받아들여서는 안 되며, 결국 이것이 지원프로그램의 성공 여부를 결정지을 수 있다.

--- **SUMMARY** ---

1 작업기억자동평가(AWMA)는 학생의 언어작업기억과 시공간작업기억에 대한 세부정보를 제공하는 표준화되고 객관적인 검사이다.

2 작업기억평가척도(WMRS)를 사용하면 학생의 교실행동을 평가해서 작업기억 장애의 가능성이 있는 학생을 찾아낼 수 있다.

3 몇몇 표준 IQ종합검사에는 하위 검사항목으로 작업기억도 포함되어 있다.

3

읽기장애
(난독증)

**UNDERSTANDING
WORKING MEMORY**

제인은 아이들 모두가 좋아하고 질문을 하면 언제나 재치있는 답변을 하는 학생이다. 그러나 자신의 생각을 글로 적으라고 하면 힘겨워한다. '고래 포획'이라는 주제로 집단 프로젝트를 할 때, 제인은 고래의 개체 감소를 보여주는 통계 수치와 동물보호라는 윤리적 문제를 제시하면서 고래 포획은 금지되어야 한다고 설득력 있게 주장했다. 토론을 주도하는 그녀는 누가 봐도 총명했고 감수성도 뛰어났다. 그러나 탁월한 프레젠테이션과는 달리 그녀가 쓴 프로젝트 보고서는 마치 다른 학생이 작성한 것 같았다. 주장은 논의에서 벗어났고 앞뒤가 맞지 않을 뿐만 아니라, 문장은 하나같이 짤막하고 철자도 오류투성이였다. 아이디어도 너무 단순해서 제인이 토론에서 보여준 번뜩이는 재능은 전혀 찾아볼 수 없었다. 선생님은 제인의 구두발표와 보고서 사이의 격차에 말문이 막혔다. 그러나 이것은 제인에게는 흔한 일이었고 선생님은 프로젝트 성적을 'A'를 주려다가 'C'를 줘야 했다.

말하는 것만 봐서는 알기 어렵지만 제인은 일반적으로 '난독증(Dyslexia)'이라고 불리는 읽기장애를 가지고 있다. 이 장에서 우리는 '읽기장애'와 '난독증'이라는 용어를 서로 바꿔가면서 사용할 것이다. 학생들의 대화를 얼마나 자주 듣느냐에 따라 다르겠지만, 교사는 학생들에게 읽기장애가 있다는 사실을 모를 수도 있다. 그러나 어떤 학생의 글이 실제 학년보다 두 학년 더 어린 학생이 작성한 글처럼 보인다면 이 학생은 읽기장애가 있을 가능성이 높다.

읽기장애란 무엇인가

국제난독증협회(International Dyslexia Association)에 따르면 난독증은 단어를 인식(recognition)하고 해독하며 철자를 사용하는 데 있어서 정확하고 유창하게 하지 못하고 뜻밖의 어려움을 겪는 특수 학습장애이다. 난독증이 있는 어린 학생은 대개 단어의 의미보다는 소리에 더 큰 어려움을 겪는다. 난독증 학생들이 말을 조리있게 잘하고 똑똑하다는 평가를 종종 들으면서도 그들이 쓴 글에서는 그런 모습을 좀처럼 찾아 볼 수 없는 건 바로 이런 이유에서이다.

난독증 학생은 읽기의 중요한 구성 요소인 '음운인식(phonological awareness, 구어에서 사용되는 여러 말소리들을 지각하고 조작할 수 있는 능력-옮긴이)'에 결함이 있다. 음운인식은 낱자와 소리를 연결하는 능력이다. 즉, 낱자 'c'는 소리/k/, 'a'는 소리/æ/, 't'는 소리/t/임을 아는 것을 말한다. 낱자가 만들어내는 소리를 알면, 낱자들의 집합이 의미하는 것을 알 수 있다. 예컨대, 'c', 'a', 't'가 결합되어 단어 'cat'이 된다는 것을 알 수 있는 것이다. 음운인식은 페이지에 있는 낱자들을 해독할 수 있게 해주는 해독기와도 같다. 음운인식능력 없이 읽는다는 것은 난해한 상형문자를 이해하려는 것과 같다. 수백 명의 아동을 대상으로 유치원부터 초등학교 4학년까지 5년(5-10세) 동안 추적한 종단연구를 통해 음운인식능력이 학생의 읽기능력을 예측하는 지표인 것으로 밝혀졌다(Wagner & Muse, 2006; Wagner et al., 1994).

일반적으로 독자들은 글을 쓸 때 자유자재로 사용할 수 있는 음소참조표(look-up table of phonemes)가 머릿속에 입력되어 있다. 난독증 학생 중에서도 단어가 음성학적으로 규칙적이면, 즉 단어의 낱자와 소리가 규칙대로면 단어가 길어도 철자를 말하고 쓸 수 있는 학생들이 있다. 그러나 음성학적으로 불규칙한 단어일 경우에는 이들의 읽기장애가 두드러진다. 특히 쓰기에서 뚜렷하게 나타나는데, 이들은 writing을 riting으로 쓰는 것처럼 철자를 잘못 쓰는 일이 많다. 이와 같은 오류는 난독증 학생들의 글에서 흔히 발견되는데, 이들은 발음대로 철자를 쓰는 음운적 철자법에 의존하기 때문이다(이들은 'laugh'를 발음대로 'laf'라고 쓴다).

음운인식

난독증이 있는 사람들은 대체로 단어의 소리구조를 이해하는 데 어려움을 겪는다. 특히 이들은 분절과 혼합(segmentation and blending), 즉 단어를 더 작은 소리단위로 나누고(예컨대, cat이란 단어에서 c/k/와 −at/æt/을 분리하고) 그것들을 결합해서 발음하는 것을 힘들어한다. 이 기술은 각 단어의 첫 번째 소리단위를 서로 바꾸는 '스푸너리즘(spoonerism, 두음전환−옮긴이)'이라는 과제를 사용하여 검사한다.

예: fat dog = dat fog

Q. 다음을 얼마나 빨리 말할 수 있는지 검사해 보라(정답은 밑에 있다).

cat flap	bad salad	soap in your hole
mean as custard	plaster man	chewing the doors

(정답: flat cap, sad ballad, hope in your soul, keen as mustard, master plan, doing the chores)

학생들에게 다음과 같은 음운인식 과제를 일부 시도해 볼 수 있을 것이다. 이 과제는 심리학자들이 난독증을 확인하기 위해 사용하는 표준검사와 비슷하다.

- 운율게임: 'cat'과 'bat'의 끝소리가 같은가?
- 음소탈락(단어의 첫소리나 끝소리를 생략하고 발음하기): 'cup'을 소리내어 말해보라. 이제 'cup'의 첫소리/k/를 생략하고 나머지를 발음하면 어떤 단어가 남게 되는지 말해보라.
- 소리범주화: 다음 단어들 'fun, bun, pin, ton' 중에서 나머지 셋과 소리가 다른 하나를 찾으라.

- 음소분절: 단어를 들으면서 귀에 들리는 순서대로 각각의 소리를 말하라.

- 음소를 결합하여 이어서 발음하며 단어로 인식하기

DSM과 진단

정신장애 진단 및 통계편람(Diagnostic and Statistical Manual of Mental Disorder, DSM-5로 알려진 5판-편집자)의 진단 기준이 달라져서 이제 난독증은 특수 학습장애라는 상위 범주에 속한다. 이 진단은 일반적인 학업성취도에 초점을 맞춘 것으로, 읽기·수학·쓰기를 비롯하여 학업성취에 영향을 미치는 다양한 장애를 포함한다.

또한 읽기장애를 확인하는 데 불일치 판정 기준(IQ점수는 평균인데 읽기점수는 낮은 것처럼 IQ와 읽기능력 간의 차이)의 엄격한 사용은 더 이상 요구되지 않는다. 심리학자 중에는 음운인식, 언어작업기억, 청각정보처리, 신속한 명명능력(rapid naming skills, 물체·색상·글자·숫자를 보고 자동적으로 신속하고 정확하게 이름을 말하는 능력, 이 능력이 없으면 상위인지능력의 발달이 힘들고 학습장애가 일어날 수 있다-편집자)처럼 읽기장애와 관련된 다양한 인지능력을 평가하는 표준종합검사를 선호하기도 한다. 이러한 종합검사는 읽기능력의 특정 장애영역을 밝히는 데 유용하다. 난독증 학생들의 읽기성적은 또래보다 두세 학년 뒤지는 경우가 많다.

작업기억과 읽기에 관여하는 뇌 영역은 어디인가

언뜻 보면 작업기억이 난독증의 뇌에서 어떤 역할을 하는지 잘 이해가 되지 않는다. 뇌 영상 연구에 의하면 작업기억의 본거지인 전전두피질(prefrontal cortex, PFC)은 학습장애가 없는 사람들에 비해서 학습 장애를 가진 사람들에게서 덜 활성화되는 것으로 나타난다. 전전두피 질의 혈액이 적다는 것은 작업기억이 제대로 작동하지 않는다는 의미 이다.

난독증이 특이한 점은 난독증 학생의 뇌 영상에서는 그 반대의 양상이 나타나기 때문이다. 이들의 전전두피질은 난독증이 없는 학생보다 더 많이 활성화된다. 즉, 글을 읽거나 읽기와 관련된 과제를 수행할 때 난독증 학생의 작업기억은 동일한 과제를 수행하는 정상 학생의 작업기억보다 더 열심히 작동하고 있다. 심지어 가장 기본적인 읽기기술에서도 그렇다. 난독증 학생과 그렇지 않은 학생에게 't'와 'v' 같은 낱자를 제시하고 운율이 맞는지를 물어본 연구가 있다. 연구자들은 난독증 학생의 전전두피질이 훨씬 더 활성화되는 것을 발견했다(Shaywitz et al., 2002, 2003).

이것은 작업기억이 난독증 학생들에게 약점이 아니라 오히려 강점이 되고 있다는 의미일까? 그럴 수도 있고 그렇지 않을 수도 있다. 언어를 담당하는 뇌 영역의 혈류량을 비교해보면 난독증이 아닌 학생보다 난독증 학생의 혈류량이 더 적다. 이 영역은 우리가 읽는 낱자와 그 낱자가 만들어내는 소리를 연결해주는 기능을 담당한다. 난독증 학생은 이 영역이 제대로 작동하지 않아서 자신이 읽고 있는 단어를 인식하는 데 어려움을 겪는 것이다.

이것은 곧 이들의 작업기억이 개입되어 제 기능을 발휘하지 못하는 언어영역의 결함을 보완해야 한다는 의미이기도 하다. 그러나 작업기억이 이 일을 해내기에는 벅차다. 이것은 마치 2인 3각 경주에서 파트너가 당신만큼 빨리 점프하거나 달리지 못하는 상황에서 결승점에 도달하기 위해서는 당신이 추가로 힘을 발휘해야 하는 것과 같다.

난독증이 없는 학생들은 읽기와 관련된 기술이 더 자동화되었기 때문에 읽기에 요구되는 노력이 더 적다. 그러나 난독증 학생들은 동일한 과제를 완수하는 데 더 많은 노력을 기울여야 한다. 이해하기 쉬운 단어와 개념으로 이루어진 단순한 문장을 읽을 때는 그다지 큰 문제가 되지 않는다. 하지만 텍스트가 익숙하지 않고 좀 더 복잡하고 어려워지면 이들 난독증 학생들은 힘들어하기 시작한다. 낯선 단어 하나하나를 읽어내는 데 작업기억이 다 쓰여버리기 때문에 정작 텍스트의 전체 의미를 이해하지 못하는 것이다. 다음과 같이 생소한 단어들로 이루어진 낯선 텍스트를 읽어보면 우리가 말하는 바를 분명히 알 수 있을 것이다. 다음은 중세영어로 쓰인 초서(Chaucer)의 『캔터베리 이야기(Canterbury Tales)』에서 발췌한 구절이다. 한번 읽어보자.

> Whan that Aprill with his shoures soote
> The droghte of March hath perced to the roote,
> And bathed every veyne in swich licour
> Of which vertu engendred is the flour,
> Whan Zephirus eek with his sweete breeth
> Inspired hath in every holt and heeth

The tendre croppes, and the yonge sonne ⋯

이 구절을 처음 읽자마자 자동적으로 이해하는 것은 불가능하다(당신이 이제 막 학생들에게 초서에 대해 가르치지 않았다면!). 뇌의 언어영역과 작업기억이 협력해야만 겨우 단어를 이해할 수 있다. 예컨대, 작업기억과 언어영역은 'whan'이 'when'이고, 'yonge'가 'young'이고, 'soote'가 'sweet'라는 것을 알 수 있게 해준다. 그러나 작업기억을 단어 이해에만 할애하고 있기 때문에 각 행이 무슨 의미인지를 파악하는 것은 훨씬 더 어렵다. 이제 위 구절의 현대영어 버전을 읽어보자.

When April with his showers sweet with fruit
The drought of March has pierced unto the root
And bathed each vein with liquor that has power
To generate therein and sire the flower;
When Zephyr also has, with his sweet breath,
Quickened again, in every holt and heath,
The tender shoots and buds, and the young sun ⋯

현대영어 버전의 단어는 친숙하기 때문에('when'이 실제 'when'으로 쓰여있다) 뇌의 언어영역이 자동으로 단어를 인식하고, 작업기억은 시(詩)의 문장구조와 의미를 이해하는 데 할애된다. 작업기억 덕분에 우리는 이 구절이 사월에 내리는 비가 식물을 꽃피운다는 의미이고, 초서(Chaucer)가 봄을 노래하고 있다는 것을 이해할 수 있다. 이렇게 되면 읽기가 훨씬 쉬어진다. 난독증 학생들은 매번 낯선 단어와 마주치는데, 이것은 마치 우리가 중세영어로 된 초서의 작품을 읽을 때와 같다. 다시 말해서, 이들은 단어 자체를 읽는 데 너무나 많은 노력을 기울여야 하기 때문에 텍스트의 의미를 이해할 수 없는 것이다.

왜 작업기억이 읽기장애와 관련 있는 것일까

난독증은 언어작업기억에서 뚜렷한 저하를 보인다(도표 3.1참조). 이 결함은 아동기에는 존재하다가 성인기에 이르면 점차 감소될 수 있다.

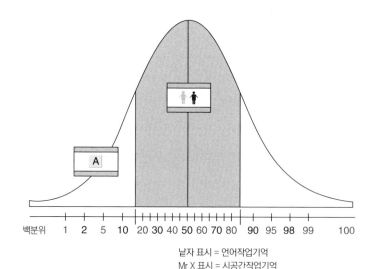

낱자 표시 = 언어작업기억
Mr X 표시 = 시공간작업기억
회색으로 칠해진 대역의 점수는 평균범위 안에 있다.

도표 3.1 읽기장애의 작업기억 특성

이 모든 것이 눈 때문일까?

난독증 독자의 안구운동 패턴에 대한 많은 연구가 있었다. 일반 독자의 눈은 대개 페이지 전체를 유연하게 움직이는데 반해서 난독증 독자의 눈은 페이지 위아래로 불규칙하게 움직인다. 이런 안구운동이 읽기장애를 유발하는 것일까? 아니면 읽기장애의 결과로 이런 안구운동이 나타나는 것일까? 이 질문의 답을 찾기 위한 연구가 시작되었다(Hutzler et al., 2006).

심리학자들은 정상적인 읽기능력을 갖춘 독자에게는 매우 어려운 글을 읽게 한 반면, 난독증 학생에게는 쉬운 글을 읽게 하고서 이들의 안구운동을 추적했다.

정상적인 독자의 안구운동은 예측할 수 없이 페이지 위아래로 움직였다. 이에 반해서, 난독증 학생의 안구운동은 정상적인 독자가 평소 글을 읽을 때와 비슷했다. 이 연구를 비롯한 많은 연구에서 확실하게 입증된 바에 의하면, 난독증 학생들에게서 관찰되는 불규칙한 안구운동은 읽기장애의 원인이 아니라 증상이라는 것이다.

작업기억과 아동기 초기 난독증

작업기억의 낮은 성능때문에 어린 아동들은 아주 친숙한 단어인데도 그것을 학습하고 자동화하는 것을 어려워한다. 즉, 이들은 단어를 학습하는 데 더 오랜 시간이 걸린다. 그 결과로 나타나는 한 가지 행동 패턴이 단어 또는 낱자를 거울 이미지로 보고 읽는 반응이다. 예컨대, 'was'를 'saw'로 읽거나 낱자 'b'와 'd'를 혼동하는 식이다. 그렇지만 이런 오류가 난독증 아동에게서만 관찰되는 것은 아니라는 사실에 주목해야 한다. 다시 말해서, 정상적인 읽기 초보자도 이런 오류를 보인다. 왼쪽에서 오른쪽으로 영어를 읽는 방식이 임의적이고, 일부러 배워야 하는 것이고, 읽기 초보자에게 혼란을 유발할 수 있다고 연구자들은 주장한다. 'b'와 'd' 같은 글자 쌍은 시각적으로도 언어적으로도 (둘 다 파열음이기 때문에) 읽기 초보자에게 혼동을 일으킬 수 있다. 실제로 난독증 학생과 읽기수준이 비슷한 정상적인 독자(연령이 더 어린)를 비교하면, 두 집단 모두 낱자와 단어에서 비슷한 역전 오류(reversal errors)를 범한다. 따라서 난독증 학생의 읽기 패턴은 읽기 초보자와 비슷하다고 할 수 있다.

작업기억과 아동기 중기 난독증

사례연구 데이비드

제 아들 데이비드는 열 살이고 매우 영리하지만 쓰기장애가 있어요. 데이비드는 단어가 생각나지 않는 것이 문제라고 말하는데, 특히 첫 단어가 떠오르지 않는다는 거예요. 아주 짧은 이야기를 쓰는 것도 시간이 오래 걸리고, 쓰고 나서는 실망하기 일쑤죠. 머릿속에는 훨씬 복잡한 버전의 이야기(영화처럼)가 들어있는데 그것을 옮겨 적을 단어가 생각나지 않는 거죠. 어디서부터 시작하고 어떤 세부내용이 포함되어야 하는지가 분명한 글처럼 정보처리를 적게 요구하는 글을 쓸 때는 조금 빨라져요. 예컨대, 이야기를 쓰는 것보다는 샌드위치 만드는 법에 대한 일련의 지시사항을 더 빨리 쓸 수 있어요(그래도 평균보다는 훨씬 느려요). 데이비드는 집단 속에서는 매우 조용하고, 한 번에 몇 개 이상의 지시사항을 말해주면 따라하지 못하고, 무엇을 해야 하는지를 곧잘 잊어버리죠. 상기시켜 주기 전에는 과제를 시작하지 못하는 경우도 많고, 공상에 빠져있는 것처럼 보일 때도 많아요. 스스로 어떤 일을 계획해서 체계적으로 하지를 못해요. 뭘 해야 할지 끊임없이 상기시켜줘야만 하니 데이비드때문에 저나 선생님이나 미칠 것 같아요.

데이비드 같은 난독증 학생들은 언어(청각)작업기억이 매우 부족해서, 지시사항이나 새로운 어휘, 심지어 이름과 같이 연속적인 정보가 청각으로 제시되면 기억하는 데 어려움을 겪는다. 언어작업기억이 부족하다는 말은 생소하거나 익숙하지 않은 언어정보를 따라서 말하느라 힘든 시간을 보낸다는 뜻이다. 이들은 다른 사람들 앞에서 정보를 소리 내어 따라 말할 때 몹시 당황한다.

단어를 인식하고 텍스트를 이해하는 데 필요한 관련 말소리와 개념을 기억하려면 상당한 작업기억 공간이 요구되는데, 이것은 난독증 학생들의 작업기억 용량을 초과할 수 있다. 따라서 언어정보를 단순히 기억하는 것이 아니라 기억과 처리가 결합된 과제에서 난독증 학생들은 더 큰 어려움을 겪는다. 데이비드가 이야기를 쓸 때 이런 일이 일어난다. 다시 말해서, 이야기를 쓸 때 처리해야 하는 정보가 많아질수록 글쓰기에 걸리는 시간이 더 길어졌다.

글을 쓸 때 학생은 음운을 혼합하고, 의미있는 문장이 되도록 단어들을 결합하고, 마지막으로 종이에 옮겨 적으려면 자신이 말하고 싶은 것을 기억해야 하는데, 이때 음운인식능력과 작업기억이 모두 필요하다. 데이비드는 시각적 심상으로 되어 있는 머릿속의 이야기를 종이에 옮겨 적는 것을 힘들어한다. 그의 작업기억이 여러 요소들을 결합해서 종이에 옮겨 적을 정도로 충분히 크지 않기 때문이다.

읽기장애 학생들의 언어작업기억이 부족한 데는 몇 가지 이유가 있다. 그중 한 가지는 이들이 정보를 기억할 정도로 충분히 빠르게 되뇌지 못한다는 것이다. 대부분의 사람들은 적어도 펜과 종이를 찾을 때까지는 정보를 잊지 않도록 속으로 되뇐다. 정보를 되뇌는 속도는 작업기억에서 유지할 수 있는 정보의 양과 관련이 있다. 난독증 학생은 정보를 그대로 되뇌는 데 더 오랜 시간이 걸리기 때문에 중요한 정보를 모두 되풀이해서 따라 말할 시간이 부족하다. 예를 들어, 학생들이 자기 자리로 돌아가는 중에 해야 할 일 다섯 가지를 교사가 지시했다고 해 보자. 난독증 학생들은 그 다섯 가지 지시사항 중에서 두 가지밖에 할 시간이 없어서 과제의 나머지를 끝내지 못할 가능성이 높다.

난독증 학생들이 정보를 따라하는 방식도 중요하다. 다시 말해서, 학생은 모든 정보를 처음부터 끝까지 정확한 순서대로 반복해야 한다. 그러나 난독증 학생은 이런 방식으로 정보를 반복하지 못한다. 위의 다섯 가지 지시사항 사례에서 보듯이, 난독증 학생은 '맨 마지막 지시사항'부터 되뇌기 시작한다. 따라서 이들은 마지막 지시사항을 제외하고 나머지는 모두 잊어버릴 가능성이 크다.

난독증 학생들은 시공간작업기억에서 강점을 보인다. 새로운 물체에 대한 시각기억을 비교한 연구에서 난독증 학생들은 일반 독자들과 비슷한 수행을 보였다. 그러나 난독증 학생들에게 물체의 이름을 질문하면 수행이 낮아지는데, 그 이유는 이 과제를 하려면 언어작업기억에 의존해야 하기 때문이다. 난독증 학생들의 시각작업기억이 우수하다는 말은 이들이 단어를 개별 소리로 분석하지 않고 단어 자체를 하나의 단위로 배운다는 의미이다. 이 전략은 머릿속의 참조표를 효과적으로 구축해가기 때문에 처음에는 상당히 유용할 수 있다. 그러나 이들은 소리와 낱자와의 대응 기술이 없기 때문에 새로운 단어를 해독하는 데 어려움을 느낀다. 예를 들어, 이들의 머릿속 참조표에 'hawk'라는 단어가 들어 있다면 이 단어는 빠르게 읽을 수 있겠지만 'tomahawk'와 같이 낯선 단어는 읽기 어려울 것이다.

작업기억과 성인기 난독증

일부 연구자들은 아동기에서 성인기로 가면서 읽기장애를 유발하는 결함 영역이 변화한다고 주장한다. 난독증 아동은 단어의 소리를 처리하는 데 어려움을 겪는 반면, 난독증 성인은 소리를 단어의 의미와 통합하는 데 더 큰 어려움을 겪는다.

성인기 난독증의 특징은 대단히 이질적이다. 사람에 따라서 작업기억에 결함이 있는 경우가 있는가 하면 작업기억은 평균 영역에 속하는 경우도 있다. 50여 개의 연구를 면밀히 검토한 후, 스완슨(Swanson)은 자신의 논문(2012)에서 언어작업기억이 읽기와 관련된 다른 정보처리 과정을 뒷받침하고, 여타 인지능력의 결함을 보상하는 기제로 작용한다고 주장했다. 앞에서 논의했듯이 작업기억은 읽고 있는 페이지의 단어를 적절한 소리와 대응시키고 텍스트의 이해를 위해 단어를 결합하는 등 여러 개의 정보를 처리해야 한다. 만일 특정 정보처리가 자동화되어 있지 않으면, 예컨대 개별 단위의 소리를 알고 있지 않으면 작업기억은 단어를 더 작은 단위로 분해하는 일에 투입될 것이고 그런 다음에야 텍스트를 읽을 수 있을 것이다. 결과적으로, 문장의 의미를 이해하기 위해 단어를 조합하는 것과 같은 상위 수준의 정보처리뿐만 아니라 개별 단어 읽기와 같은 하위 수준의 정보처리에도 작업기억 자원이 모두 사용될 것이다. 이렇게 되면 이미 과부하에 걸린 작업기억에 더 많은 부담을 주게 된다.

그러나 어떤 사례에서는 성인들의 작업기억에 결함이 있다는 어떤 증거도 보이지 않는다. 예를 들어, 읽기장애가 있는 대학생과 정상적인 읽기능력을 가진 일반 대학생의 작업기억을 비교한 연구(Alloway et al., 2014)에서 난독증 대학생의 작업기억 검사결과는 정상적인 대학생과 비슷했다. 이런 경우 이들의 음운기술이 작업기억을 필요치 않을 정도로 충분히 발달되었기 때문에 이들에게서 작업기억 결함이 전혀 안 보였을 수 있다. 더욱이 이 연구의 표본 집단이 대학생인 점을 생각하면, 이들은 대학에 입학할 만큼 충분히 성공적인 학생들이기 때문에 작업기억에 부담을 주지 않는 대처기제를 발달시켰을 것으로 보인다.

어떻게 작업기억을 지원할 것인가

여기서는 다음 두 가지 유형의 전략에 대해 논의한다. 일반적인 학습욕구를 가진 학생들에게 적용할 수 있는 일반 작업기억 전략과 난독증 학생들을 위한 특수 작업기억 전략이 그것이다. 아래의 일반 전략은 읽기장애 학생들에게 맞춘 것이지만 여타 학생들에게도 적합하게 수정하여 사용할 수 있다.

일반 전략

작업기억에 도움이 되는 시각적 도구 사용하기. 이것은 난독증 학생의 강점인 시공간작업기억(visual-spatial working memory)에 의존하는 전략이다. 난독증 학생은 읽기장애가 있기 때문에 시각적 도구를 사용하면 학습에 도움이 된다. 13세 난독증 소년은 미노타우로스 그림을 놀랍게 잘 그렸고 거기에 날짜와 사건을 채워 넣음으로써 라틴어수업의 내용을 그림으로 기억할 수 있었다. 스코틀랜드어를 가르치는 앤은 학생에게 초성 혼합(initial sound blends)을 가르치기 위해 단어를 연속되는 그림 형태로 그려서 차례로 제시했다. 이렇게 함으로써 작업기억의 부담이 줄어들었고, 학생은 세 개의 단어 중 어느 것 두 개가 동일한 초성 혼합으로 시작되는지 집중해서 찾을 수 있었다.

활동에서 작업기억의 정보처리과정 줄이기. 작업기억의 정보처리과정을 줄이기 위해 정보를 다양한 방식으로 제시한다. 콜로라도에서 역사를 가르치는 제임스선생님은 자신이 난독증이라고 말한다. 그는 역사적 사건의 날짜를 가르칠 때 수평 방향보다는 수직 방향으로 제시하는 게 더 쉽다는 것을 안다. 정보를 수직으로 제시하면 그림으로 떠올리기가 더 쉽기 때문에 난독증 학생들이 정보처리를 더 잘할 수 있다.

학습가이드와 노트개요도 학생이 수업을 따라가는 데 도움이 된다. 이것은 수업의 주요 개념을 파악하는 데 유용하다. 개념 간의 연결, 또는 기존 지식과 새로운 정보 간의 연결을 보여주는 그림은 난독증 학생들이 수업을 따라가기보다는 내용을 기억하는 데 작업기억을 사용할 수 있도록 해준다.

복잡한 활동에서 자신의 위치 파악하기. 난독증이 있는 어린 학생들은 책을 읽을 때 낯선 단어를 해독하느라 시간을 허비한 나머지 학업에 뒤처지게 된다. 반면에 연령이 높은 난독증 학생들은 단어 해독에 시간을 허비하지 않으려고 새로운 단어를 건너뛰고 읽는 경향이 있다. 이들은 단락의 마지막 부분까지 다 읽었어도 너무 많은 단어를 건너뛰었기 때문에 내용을 이해하지 못하고 만다.

낯선 단어가 나오면 그 단어 아래에 점을 찍게 하고(책에 표시가 남는 것을 원하지 않으면 연필로), 내용을 다 읽고 난 다음 다시 그 단어로 돌아가서 확인하게 해라. 읽을 때 어디를 읽는지 위치를 파악하도록 자를 사용하게 할 수도 있다.

특수 전략

낱자 및 단어 구성요소 자동화하기. 난독증 학생은 제한된 작업기억 용량을 소리를 재구성하는 데 사용해야만 하며, 낱자 및 단어의 구성요소(예컨대, 'er' 또는 'ight')를 인식하는 데 어려움을 겪는다. 이 말은 단어의 정의라든지 문장이나 단락의 의미라든지, 이들이 읽고 있는 내용을 이해하는 데 할애할 수 있는 작업기억 공간이 적다는 의미이다.

초기 전략. 난독증이 있는 어린 학생들은 낱자 및 단어 인식에 친숙해짐으로써 작업기억을 텍스트 이해를 위해 사용할 수 있다. 책이나 신문이나 잡지를 아무 페이지나 펼치고 그들에게 그 페이지에 있는 't', 'er', 'ought' 등을 찾아서 모두 동그라미를 치게 해라. 한 번에 낱자 한 개 혹은 단어의 끝에 붙는 어미를 집중적으로 연습하고 그것을 완전히 숙달하면 차츰 늘려가라. 목표로 정한 페이지에 나와 있는 낱자를 모두 동그라미 치기 전에는 다음으로 넘어가지 않도록 한다.

작업기억의 정보처리능력 향상시키기. 좀 더 나이가 많은 난독증 학생은 텍스트를 읽는 데 작업기억을 할애하기 때문에 텍스트 내용의 이해를 위해 남아있는 작업기억 자원이 거의 없다. 이들의 작업기억 속도를 증가시키는 한 가지 방법은 읽기 쉬운 구절을 주고 빨리 읽으라고 하는 것이다. 이런 연습을 하면 단어를 빠르게 읽는 능력이 향상될 뿐만 아니라 읽기에서의 자신감도 증가한다.

작업기억의 정보처리과정 줄이기 위해 천천히 말하기. 난독증 학생들은 정보를 처리하는 데 오랜 시간이 걸리기 때문에 교사가 빨리 말하면 전체 지시사항을 기억하지 못할 수 있다. 교사는 천천히 말하도록 스스로에게 끊임없이 상기시켜야 한다. 교직에 오래 종사하고 있는 교사라면 특히 주의해서 천천히 말하도록 해야 한다. 교사 자신은 똑같은 수업내용을 여러 번 가르쳤겠지만 학생들은 처음 듣는 내용이라는 사실을 기억하라.

작업기억의 정보처리과정 줄이기 위해 지시사항 녹음하기. 난독증 학생들은 대개 구두로 의사소통하는 능력은 뛰어나다. 그러나 이들이 쓴 글은 말하기와 큰 격차를 보인다. 난독증 학생들에게 자신이 하고 싶은 말을 글을 쓰기 전에 녹음할 수 있게 해주면, 생각을 명확하게 표현할 수 있고 에세이를 계획할 수 있게 되어 말하기와 비슷한 수준의 글을 쓸 수 있다.

능동적인 정보유지 위해 암송하기. 난독증 학생들은 목록의 앞부분을 잊어버리곤 한다.

초기전략. 목록의 앞에 있는 항목부터 시작하여 각 항목을 정확한 순서대로 소리내어 말하게 한다. 연령이 높은 학생은 머릿속에서 정보를 따라하는 것이 편하겠지만 어린 학생들은 입을 움직여서 조용한 소리로 따라 말하는 것이 효과적이다.

작업기억 부하 줄이기 위해 활동 단축하기. 난독증 학생들은 활동을 처리하기 위해 많은 정신적 노력을 기울여야 하기 때문에 시간 내에 과제를 완수하기가 어렵다. 활동을 짧게 줄여줌으로써 작업기억의 처리부담을 감소시켜라. 연령이 높은 난독증 학생에게는 숙제를 더 적게 내준다. 숙제가 곱셈 20문제를 풀어오는 것이라면 난독증 학생에게는 10문제 내지 12문제를 풀어 오게 하는 식이다. 이렇게 함으로써 좌절하지 않고 이들도 숙제를 다 마칠 수 있고 수업의 개념도 이해할 수 있게 된다.

초기전략. 메리는 6세 아동들에게 한 줄로 나열된 10개의 꽃을 사용하여 첫 번째, 세 번째, 마지막이라는 개념을 가르쳤다. 그녀는 각 개념을 하나씩 제시하면서 학생이 무엇을 해야 하는지 다음과 같이 시범을 보였다. 개념이 제시될 때마다 관련된 꽃을 찾아서 색칠하는 것이다. 그런데 샘은 따라서 하지 못하고 아무 꽃에나 색칠을 했다. 메리는 꽃이 다섯 개 있는 활동지를 샘에게 주고 지시사항을 그가 알아들을 수 있도록 되풀이해서 말해줬다. 그렇게 하자 샘은 개념을 빨리 배울 수 있었고, 다음 주에 두 번째, 네 번째, 다섯 번째 개념을 학습할 때에도 잘 따라할 수 있었다.

작업기억의 정보처리과정 줄이기 위해 정보 구체화하기. 여러 단계로 이루어진 활동에서 헤매지 않고 단계마다 잘 따라올 수 있도록 정보를 구체적으로 제시하라. 단계를 제시할 때는 점(·) 대신에 번호를 사용하는 게 좋고, 어린 아동에게는 각기 다른 색상을 사용하면 효과적이다.

쟁점토론

읽기교수법이 읽기장애와 연관이 있을까?

통문자 읽기학습에서는 학생이 단어의 시각적 특성을 보고 단어를 인식할 것으로 기대한다. 이러한 읽기교수법이 읽기장애를 일으키는 것은 아닐까? 통문자 읽기는 단어의 모양에 초점을 맞추는 것이다. 이것은 불안한 방법일까 아니면 올바른 방법일까? 아동은 읽기를 처음 배울 때 단어의 모양만 보고도 단어를 알 수 있는 엄청난 데이터베이스를 구축해야 한다. 오디오북도 이런 읽기방식을 장려하는데, 아동은 단어를 들으면서 그 페이지에 나와 있는 해당 단어와 연결시킬 수 있어야 한다.

처음에는 읽을 수 있다는 성취감을 맛보겠지만, 일부 전문가들은 통문자 읽기교수법이 읽기능력에 해악을 끼치고 결국에는 읽기장애를 유발할 것이라고 주장한다. 단어를 보자마자 읽는 통문자 읽기에서는 아동이 머릿속의 데이터베이스에 새로운 단어를 계속해서 추가해야 하기 때문에 이 교수법은 아동의 우수한 기억에 의존한다. 그러나 교실에서는 난독증 학생으로서는 따라갈 수 없을 만큼 빠른 속도로 새로운 단어의 학습이 일어나기 때문에 이들은 결국 또래에 뒤처지고 만다.

또한 통문자 읽기는 파닉스 학습과는 달리 아동에게 읽기도구를 제공하지 못한다. 파닉스 교수법은 아동에게 각 낱자를 소리와 대응시키도록 가르치기 때문에 아동은 새로운 단어를 '소리 내어' 말해봄으로써 스스로 해독할 수 있는 기술을 배우게 된다. 음운인식과 언어작업기억의 중요성을 감안한다면 읽기교육이 파닉스 방식으로 돌아가야 한다고 주장하는 교육자들도 있다.

사례연구 레베카

레베카는 16세로 공립고등학교에 재학 중이다. 그녀는 인기가 많고 스포츠와 관련된 여러 특별활동에 참여하고 있다. 내가 가르치는 음악감상수업에 레베카가 들어왔을 때 나는 그녀의 문제를 즉시 알아차렸다. 내 수업에 참여하는 학생들은 악보읽기, 역사와 관련된 글 읽기, 글쓰기를 해야 한다. 학생들은 작곡프로그램을 사용하여 노래를 만들고, 자신의 노래가 어떤 영감을 받아서 만들어진 것인지 짧은 에세이를 쓰는 과제를 수행한다. 악보를 입력하기만 하면 프로그램에서 노래가 나오기 때문에 학생들에게 깊이 있는 음악적 지식이 요구되지는 않는다. 레베카는 작곡에는 뛰어났지만 에세이 쓰기에서는 매우 낮은 수행을 보였다.

한 시간이면 충분히 끝낼 수 있는 과제인데도 레베카는 시간을 더 요구했다. 다음 날이 되어서야 제출한 에세이는 실수투성이였고 문장은 뒤죽박죽이었다. 이를테면 '이 노래는 엄마에게서 영감을 받았다(my mother was my inspiration for this song)'라고 쓰지 않고, '엄마는 내 노래는 이것에 대한 영감이었다(mother my song was inspiration for this)'라고 썼다.

또 다른 문제는 여러 과제를 동시에 수행할 때 나타났다. 나는 학생들에게 곡을 악보로 옮기고 곡과 관련된 읽기과제와 에세이 쓰기를 해오라는 숙제를 자주 내주곤 하는데, 레베카는 어떤 과제를 먼저 해야 할지도 모르고 각 과제에서 무엇을 해야 할지도 몰라서 쩔쩔맸다. 그녀는 과제로 내준 글을 읽는 데에도 너무 많은 시간을 허비했다.

전략

작업기억 부하 줄이기 위해 활동 단축하기

나는 레베카의 속도에 맞추어 수업계획을 재편성하기 시작했다. 한꺼번에 과제 세 개를 내주는 대신에 먼저 과제 하나를 주고 그것을 완성하면 그 다음 과제를 내주었다.

작업기억의 정보처리과정 줄이기 위해 정보 구체화하기

지시사항을 말로만 전달하지 않고 끝마쳐야 하는 순서대로 번호를 매겨서 칠판에 적었다. 예를 들면 다음과 같다. 1.트럼펫을 사용해서 작곡하기 2.척 맨지오니(Chuck Mangione)에 대한 이야기 읽어오기 3.척 맨지오니에 대한 흥미로운 사실 세 가지 적어오기. 이렇게 했더니 레베카도 자신이 완수해야 하는 과제를 쉽게 파악할 수 있었다.

활동에서 작업기억의 정보처리과정 줄이기

레베카의 가장 큰 어려움은 읽기에 있었기 때문에 나는 읽기과제를 테이프에 녹음해서 줬다. 그러자 레베카는 다른 아이들과 똑같이 수업을 따라오고 활동을 모두 끝마칠 수 있었다.

작업기억의 정보처리과정 줄이기 위해 정보 잘게 쪼개기

레베카를 위해서 나는 에세이를 두 문장 단위의 여러 덩어리로 작게 나눴다. 에세이 과제의 긴 지시문도 여러 개의 질문으로 잘게 쪼갰다. 예를 들어 '루이 암스트롱이 누구인지 짧게 설명하고 그의 생애와 경력에 관한 흥미로운 사실 몇 개를 제시하라'라는 에세이 주제가 있다면, 다음과 같이 여러 개의 질문으로 나눴다. '루이 암스트롱은 누구인가?' '루이 암스트롱은 어떤 악기를 연주했는가?' '루이 암스트롱에 대한 흥미로운 사실 하나를 기술하라'라는 식이다. 이런 질문은 에세이 주제와 관련이 있으면서도 레베카가 단계별로 따라가면서 과제를 완수할 수 있게 해줬다.

'monotone'과 같은 긴 단어들도 'mono'와 'tone'처럼 더 작은 단위로 쪼개어 제시하자, 레베카는 그런 단어들을 쉽게 인식하고 의미를 이해했다. 과제는 물론이고 심지어 단어조차도 잘게 쪼개어 제시했을 때 레베카가 수업을 훨씬 잘 따라온다는 것을 알게 되었다.

사례연구 제레드

제레드는 9세 소년으로 4학년이다. 그는 정서적으로 안정되어 보이지만 학업과 관련된 자존감은 매우 낮다. 학업으로 인해 지난 몇 주간 어려움을 겪고 있지만 학습부진반에 들어갈 정도로 성적이 나쁜 것은 아니다. 제레드가 수업시간에 멍한 채로 창밖의 나무를 쳐다보는 모습이 눈에 종종 띈다. 수업에 주의를 집중하지 않기 때문에 수업시간에 어려움을 겪는 것이다. 반 아이들 대부분은 수학문제의 풀이과정을 잘 알고 있는데 제레드는 그렇지 않다. 어느 날 그를 지켜보다가 나는 제레드가 풀이단계에 따라 문제를 푸는 게 아니라 손가락으로 수를 세는 것을 발견했다. 예를 들면 이런 식이다. '10×8'이라는 문제를 풀기 위해 제레드는 손가락을 이용해 '10, 20, 30, 40...' 10씩 여덟 번을 세서 정답인 '80'에 도달하는 것이다.

제레드에게는 읽기과제도 여간 어려운 게 아니다. 읽기과제를 하는 동안 그는 낙담에 빠지곤 하는데, 책상이 움직여서 쓰기에 집중할 수 없다고 투덜대는 경우도 다반사이다. 읽으려고만 하면 배도 아프고 머리도 아프다며 하소연한다. 단 한 페이지를 읽는 데에도 30분이나 걸리고 큰 소리로 읽으라고 하면 같은 줄을 여러 번 읽거나 줄을 건너뛰는 일도 자주 있다.

전략

작업기억이 과부하에 걸리지 않도록 방해자극 최소화하기

제레드는 개별적인 관심이 필요한 학생이었기 때문에 창문과 문에서 가장 멀리 떨어진 앞쪽으로 책상을 옮기도록 했다. 이렇게 하자 제레드는 수업시간에 더 집중할 수 있었다.

작업기억의 정보처리과정 줄이기 위해 정보 잘게 쪼개기

나는 수학문제의 풀이과정을 종이에 단계별로 적어서 제레드에게 줬다. 예컨대, '10×8'과 같은 문제는 '8 위에 10'을 쓰라고 했다. 그러면 그는 먼저 8을 10에 있는 0과 곱하고, 그런 다음에 다시 8과 1을 곱했다. 그렇게 곱한 결과 '80'이라는 정답을 얻을 수 있었다. 그가 손가락을 사용하지 않고 수업에서 가르친 대로 풀이단계를 따라가는 것을 내 눈으로 확인할 수 있었다. 그는 똑같은 풀이단계가 적용되는 복잡한 수학문제도 이런 방식으로 풀 수 있게 되었다. 읽기의 경우에는 먼저 한 번에 두 문장을 읽게 한 다음 세 문장으로 한 문장씩 점차 늘려갔더니, 마침내 한 페이지 전체를 한 번에 읽을 수 있게 되었다.

복잡한 활동에서 자신의 위치 파악하기

제레드가 읽기활동을 할 때 나는 그에게 아이스바 막대기를 주면서 페이지를 따라 단어를 짚어가며 읽는 데 사용하라고 했다. 이렇게 막대기로 단어를 짚어가면서 읽게 했더니 같은 문장을 다시 읽거나 문장을 건너뛰는 실수를 하지 않게 되었다.

작업기억 부하 줄이기 위해 활동 단축하기

제레드는 읽기를 할 때면 멀미를 호소하는 일이 자주 있었는데, 책상이 움직이지 않았는데도 움직인다고 느끼기 때문이었다. 이 문제를 해결하기 위해 우리는 잠시 휴식시간을 갖고 그가 방금 읽은 내용에 대해 함께 토론했다. 이렇게 하자 제레드가 머리 아프다고 호소하는 일이 현격하게 줄었음은 물론, 이 시간을 통해서 제레드는 방금 읽은 내용을 처리하고 정보를 기억할 수 있게 되었다.

SUMMARY

1 핵심 결함
읽기장애 학생은 음운인식(단어의 소리를 학습하고 변별하는 능력)
에 어려움을 겪는데, 이것은 철자법 · 읽기 · 쓰기에 영향을 미친다.

2 작업기억 특성
읽기장애 학생은 '언어작업기억'에 결함이 있는 데 반해, 시공간작업
기억은 평균 수준이다.

3 전략
읽기장애 학생에게는 지시문과 활동을 더 짧게 제시하는 게 도움이
된다. 이렇게 하면 수업시간의 여러 활동에서 작업기억의 정보처리
과정을 줄여줄 수 있기 때문이다.

4

수학장애
(난산증)

**UNDERSTANDING
WORKING MEMORY**

각자 살고 있는 국가는 다르지만 비슷한 사연을 가진 부모들이 있다. 미국에 사는 재닛은 열두 살 된 딸 매들린이 학습에 문제가 많다며 다음과 같이 말한다.

> 제 딸 매들린은 기억력이 너무 없어요! 지난 3년 동안 딸에게 수학 과외를 시켜줬는데 일주일에 30분밖에는 못했어요. 시간이 그 이상 넘어가면 애가 감당하지 못하니까요. 아무래도 매들린에게는 수학을 못하게 가로막는 정신적 장벽이 있나 봐요. 지난 2년 동안 진전이라곤 조금도 없었거든요. 매들린은 속으로 '난 이건 못해'라고 생각하고 포기한 것 같아요.

영국에 살고 있는 제이콥의 부모는 열 살인 아들이 간단한 셈도 어려워하고, 시계 보는 법을 배우는 것도 느려서 2시 반(half past two)처럼

'반-시간(half-past)'의 개념도 아직 이해하지 못했다는 편지를 보내왔다. 여름 내내 구구단을 연습시켜서 5단을 겨우 외웠는데 이제 그것도 다 잊어버렸다는 것이다.

매들린과 제이콥은 수학을 배우고 이해하는 데 어려움을 겪는 수학장애, 다시 말해서 난산증(Dyscalculia)이 있다. 난산증 학생은 그 다음 단계의 수학능력을 키우는 데 필요한 기초적인 숫자지식(즉, 숫자감각)이 부족하다. 예를 들면, 이들은 기본적인 숫자 이름('팔'이 '8'을 의미하고 '이십'이 '20'을 의미한다는 사실)도 모르는 경우가 많다. 또한 숫자크기를 이해하는 데 애를 먹고 37이 28보다 큰지 작은지를 묻는 질문에 대답을 못한다. 그러나 난산증은 숫자장애 말고도 (제이콥의 사례에서처럼) 시계보기, 좌우 구별하기, 패턴 인식하기 등 여러 가지 다른 장애가 따라온다. 난산증에 대한 과학적 이해가 난독증에 비해 훨씬 뒤떨어진 이유는 여러 가지 수학능력의 개념이 복잡하기 때문이기도 하다.

수학장애란 무엇인가

난산증 학생은 순서대로 숫자를 세는 것과 같은 숫자 세기의 기본 규칙은 배울 수 있지만 좀 더 복잡한 수학과제는 어려워한다. 일반 아동은 3-4세가 되면 수학규칙을 이해하기 시작하고 이것을 바탕으로 수학지식을 확장해간다. 예를 들어, 수직선이 가로로 제시되면 왼쪽부터 시작해서 오른쪽으로 수를 세야 한다는 것을 배운다. 그런데 난산증 학생의 경우 이런 개념을 이해하는 데 또래보다 1-2년 정도 뒤처진다.

기초적인 셈 기술을 배울 때 난산증 학생이 일반 학생에 비해 진전이 느리다는 것은 배운 내용을 또래만큼 기억하지 못하거나 빠르게 잊어버린다는 의미이다. 난산증 학생은 손가락으로 숫자를 세는 전략을 사용하지 않으면 '1+3' 같은 간단한 셈 문제도 풀지 못한다. 그러나 이런 전략은 대개 시간이 많이 걸리고 비효율적이어서 오답으로 이어지기 쉽다.

DSM과 진단

DSM-5(Diagnostic and Statistical Manual of Mental Disorder, 정신장애 진단 및 통계편람, DSM-5로 알려진 5판-편집자)의 진단 기준이 변해서 이제 난산증은 특수 학습장애라는 상위 범주에 속한다. 이 진단의 초점은 일반적인 학업성취에 있으며, 읽기 · 수학 · 쓰기를 비롯한 학업성취에 영향을 주는 다양한 결함을 포함한다.

또한 수학장애를 확인하는 데 엄격한 불일치 판정 기준(discrepancy criterion, IQ와 낮은 수학점수 간의 차이가 30점 이상일 때 학습장애로 진단하던 과거의 판정 기준-옮긴이)의 사용을 더 이상 요구하지 않는다. 그래서 일부 심리학자들은 숫자감각 · 암산 · 자릿값 · 분수와 같은 다양한 수학능력을 평가하는 표준 검사도구를 선호하기도 한다. 이런 검사도구는 수학장애의 특정 영역을 밝혀준다는 점에서 유용하다.

작업기억과 수학에 관여하는 뇌 영역은 어디인가

정상적인 발달과정의 학생에게는 수학문제를 푸는 것이 마치 단원들 각자 맡은 악기를 완벽하게 연주하는 오케스트라의 아름다운 음악과도 같다. 지휘자의 역할을 맡고 있는 뇌 영역은 작업기억의 본거지인 전전두피질(prefrontal cortex, PFC)이다. 전전두피질(PFC)은 다른 뇌 영역, 즉 두정내구(intraparietal sulcus, 이하 IPS) 및 각회(angular gyrus)와 함께 숫자크기를 인식하고 수학지식을 저장하고 답을 계산한다. 수학문제 하나를 풀기 위해 이 모든 뇌 영역이 활성화되는 것이다 (Bugden et al., 2012; Vicario et al., 2012).

그러나 난산증 학생에게는 수학문제를 푸는 것이 마치 단원들도 연주를 못하고 지휘자도 능력이 없는 오케스트라의 연주와 같다. 당연히 결과는 불협화음이다. 뇌 영상 연구결과에 의하면 난산증 학생은 두정내구(IPS)와 같은 중요한 뇌 영역이 제대로 기능하지 못하며, 이것 때문에 수학장애가 생겼을 수 있다고 한다. 또한 신경과학자들은 난산증 아동의 전전두피질이 또래와 다르다는 것을 발견하고, 이것이 난산증 아동의 작업기억 성능이 낮은 근본적인 원인일 수 있다고 주장한다.

왜 작업기억이 수학장애와 관련 있는 것일까

난산증의 핵심 원인은 작업기억의 낮은 성능이다(도표 4.1 참조). 작업기억이 부족하기 때문에 수학지식을 암기하는 것도 어렵고 그것을 수학문제에 적용하는 것도 더 힘든 것이다. 수학에서 작업기억의 역할을 밝히기 위해 유치원생에서 초등학교 5학년까지의 아동(5-11세)을 대상으로 대규모 연구가 수행된 적이 있다(Friso-van den Bos et al., 2013). 연구자들은 학생의 작업기억 용량이 클수록 수학 성취도검사의 점수도 더 높다는 사실을 발견했다. 특히 시공간작업기억(visual-spatial working memory)의 예측도가 높았는데, 이것을 통해서 학생이 수학 문제를 얼마나 잘 풀 수 있는지를 예측할 수 있었다. 시공간작업기억은 학생이 셈 문제를 풀도록 공간을 주는 마음속의 칠판과도 같다.

일반 학생들은 '8+7=15', '39가 27보다 더 크다', '4×6=24와 같은 수학지식을 습득하고 쌓아가는 데 작업기억을 사용한다. 그들이 잘 모르는 문제, 예컨대 '(36+3)/?=13'과 같은 문제를 풀려면 기존의 수학지식을 활용해야 하는데, 이 경우에도 그들은 작업기억을 마음속의 칠판처럼 사용한다. 하지만 난산증 학생은 성능이 낮은 작업기억 때문에 수학지식을 습득해서 축적하기도 쉽지 않고, 동시에 이러한 지식을 활용하는 것도 힘들다.

숫자가 '머릿속에 남아 있지 않아서' 암산이 어려운 로버트의 사례를 보자. 그는 숫자크기(예컨대, 37 다음에 38이 온다)를 인식하는 것과 같은 가장 기초적인 단계에 막혀서 숫자를 눈으로 보면서 계산하는 것마저도 힘들어한다. 로버트는 기억하고 있는 수학지식이 너무 적기 때문에 손쉽게 이용할 수 있는 기초지식이 거의 없는 셈이다. '37+6'이라는 문제가 있다고 해보자. 로버트에게는 '7+6=13'이라는 수학지식이 없기 때문에 그는 작업기억을 이용해서 수직선상의 7부터 시작해서 1씩 여섯 번을 위로 올라가야 한다. 일의 자리 숫자를 더하느라 작업기억 자원을 너무 많이 쓴 바람에 십의 자리에서 숫자 3에다 1을 더하는 것을 잊어버리고 답을 33으로 적고 만다. 이와는 대조적으로 일반 학생들은 장기기억에서 수학지식을 꺼내 문제풀이에 적용하는 데 작업기억을 사용할 수 있다. 그러나 로버트는 수학문제의 기초 단계를 푸는 데 작업기억을 사용해야 하기 때문에 힘은 일반 학생의 두 배 이상 들면서도 결국 오답만 내놓는 것이다.

난산증 학생의 수학능력은 그 연령대의 학생이 갖춰야 하는 수준에 미치지 못한다. 미국의 국립학습장애센터(The National Center for

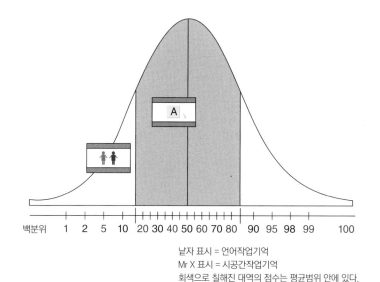

낱자 표시 = 언어작업기억
Mr X 표시 = 시공간작업기억
회색으로 칠해진 대역의 점수는 평균범위 안에 있다.

도표 4.1 수학장애의 작업기억 특성

Learning Disabilities)는 난산증 학생에게서 연령별로 흔하게 나타나는 수학장애를 파악했다. 다음 섹션에서는 이런 장애에서 작업기억의 역할에 대해 살펴볼 것이다.

작업기억과 아동기 초기 난산증

아동기 초기 아이는 인쇄된 숫자를 인식하고 셈을 배우는 데 어려움을 겪는다. 아이가 숫자를 인식하려면 시각정보를 숫자개념과 결합하기 위해 시공간작업기억을 사용해야 한다. 다시 말해서, '1'이라고 쓴 그래픽 기호를 '일'이라는 숫자개념과 연관시키는 데 작업기억이 필요하다. 난산증 아동은 이와 같은 연관 작업에 숙달되지 않아서 2와 8 혹은 6과 9를 혼동할 수 있다.

정보가 필요할 때마다 그것을 다시 학습하지 않으려면 장기기억으로 정보를 이동시켜야 하는데 이런 과정을 담당하는 것도 작업기억이다. 이 과정은 작업기억을 과제 완수에 할애하게 해준다는 점에서 효율적이다. 난산증 아동이 셈에 어려움을 겪는 이유는 부족한 작업기억으로 인해 숫자지식이 장기기억으로 전이되지 못했기 때문이다. 결과적으로 이들은 셈이 자동화되지 않아서 소중한 작업기억 자원을 낭비하면서 수직선을 다시 학습해야만 하는 것이다.

작업기억과 아동기 중기 난산증

학령기에 도달한 난산증 아동은 작업기억을 사용해서 좀 더 복잡한 계산문제를 풀어야 하는데, 기초적인 수학지식도 암기하지 못했기 때문에 문제가 더욱 심각하다. 수직선과 일련의 작은 숫자에서 크기를 인식하는 정도의 간단한 지식쯤이야 가능하지만, 고작 1에서 10까지의 숫자가 아니라 이제부터는 1에서 100 또는 1,000까지의 수열을 알아야 하는 것이다. 이러한 수학지식을 극적으로 확장시킬 것이 이들에게도 요구된다. 기초적인 수학지식의 부족은 작업기억에 엄청난 부담을 주기 때문에 이들의 작업기억은 간단한 연산을 해낼 여력조차 남아있지 않은 것이다. 물론 어느 정도까지는 학습이 가능하지만 '(15+23) n=114' 같은 복잡한 수학문제를 풀라고 하면 이들은 언제나 '뒤처진다'. 덧셈이 자동화되어 있지 않기 때문에 이들의 작업기억은 15+23에 발목이 잡히고 여러 단계로 이루어진 풀이과정에서 헤매게 된다.

단어문제도 수학장애 학생에게는 골치 아픈 문제이다. 이들은 문제를 읽고 이해하는 것뿐만 아니라 수학의 연산과정을 처리하고 풀이하는 데에도 작업기억을 사용해야 하기 때문이다. 수학지식이 어느 정도 자동화되어 있지 않다면 연산과정을 처리하고 문제를 풀이하는 것만으로도 이들의 작업기억은 과부하에 걸릴 수 있다. 앞서 설명했던 여러 풀이단계로 이루어진 문제에서처럼 난산증 학생은 단어문제를 해결하는 과정에서 길을 잃게 되어 결국 활동을 포기하고 말 것이다.

작업기억과 성인기 난산증

난산증 학생도 성인기에 이를 무렵이면 꽤 많은 양의 기초적인 수학지식을 갖고 있을 수 있다. 그러나 이때부터는 좀 더 복잡한 수학개념을 이해하는 데 작업기억을 쓰느라 고생한다. 예컨대, 제곱근 구하기 문제를 성공적으로 풀기 위해서는 곱하기와 숫자크기 같은 단편적인 수학지식들을 종합해야 한다.

수학장애 및 읽기장애 학생의 작업기억

심리학자들은 난산증 학생의 50퍼센트 정도는 수학장애뿐만 아니라 읽기장애도 있는 것으로 추정한다. 이 집단은 흔히 특수 학습장애 학생들로 불리며 언어작업기억과 시공간작업기억 모두에서 결함이 발견된다. 그렇다면 이들은 학습장애의 심각성에 따라 작업기억 결함의 정도도 다르게 나타날까? 다시 말해서, 경증 학습장애 학생이면 작업기억 결함도 덜하고 중증 학습장애 학생이면 작업기억 결함도 더 심각할까? 경증 학습장애 학생과 중증 학습장애 학생의 작업기억 점수를 비교한 연구결과 한 가지 분명한 패턴이 발견되었다. 즉, 작업기억의 결함과 학습장애는 서로 대응하며 부합한다. 경증 학습장애 학생은 작업기억 결함도 경미하지만, 중증 학습장애 학생의 작업기억은 더 심각하며 검사 점수도 더 낮다. 핵심 메시지는 수학장애와 읽기장애를 모두 가진 학생은 대체로 작업기억 결함이 심각하고 교실에서 추가적인 도움을 필요로 한다는 것이다(Alloway et al., 2005a).

어떻게 작업기억을 지원할 것인가

여기서는 다음 두 가지 유형의 전략에 대해 논의한다. 일반적인 학습 욕구를 가진 학생들에게 적용할 수 있는 일반 작업기억 전략과 난산증 학생들을 위한 특수 작업기억 전략이 그것이다. 아래의 일반 전략은 수학장애 학생들에게 맞춘 것이지만 여타 학생들에게도 적합하게 수정하여 사용할 수 있다.

일반 전략

작업기억에 도움이 되는 시각적 도구 사용하기. 난산증 학생들은 시공간작업기억이 부족한데 특히 숫자가 포함된 과제에서는 더 심각하다. 이들의 작업기억을 지원하려면 색연필로 본문을 표시하거나 핵심 정보를 강조하는 시각적 전략을 사용하도록 권해라. 어느 영국인 교사가 자신이 음의 지수에 관한 대수개념을 가르칠 때 12살 소녀 루시를 어떻게 도왔는지 설명했다. 교사는 이 문제를 풀기 위해서는 숫자를 거꾸로 뒤집어야 한다고 가르쳤다. 말하자면 3^{-2}는 $\frac{1}{3^2}$로 바꿔서 풀어야 한다는 것이다. 교사가 일주일 동안이나 풀이단계를 설명하고 시범을 보여줬지만 루시는 그 개념을 여전히 이해하지 못한 것 같았다. 도대체 어떻게 해줘야 할지 난감해하던 중 교사는 루시가 공책 여백에 그린 그림을 발견했고, 루시가 미술을 좋아한다는 사실이 떠올랐다. 그녀는 루시에게 거꾸로 서있는 사람을 그려 보라고 했다. 음의 지수 문제를 풀 때 무엇을 해야 하는지를 상기시켜주기 위해서였다. 그림 4.2는 루시가 그린 그림이다. 교사는 루시에게 다른 대수문제를 풀 때에도 그림을 사용해서 기억을 떠올리라고 적극 권했다.

그림 4.2 루시의 그림

활동에서 작업기억의 정보처리과정 줄이기. 수학문제는 수평 방향보다는 '수직 방향으로' 제시하라. 우리는 한 자릿수 문제를 풀 때는 수를 세는 데 작업기억을 사용하고, 두 자릿수 이상의 문제를 풀 때는 피연산수(수학적 연산의 대상이 되는, 즉 계산을 해야 하는 수-편집자)와 중간값을 기억하는 데 작업기억을 사용한다. 합계가 수평 방향으로 제시되면 숫자를 기억해서 문제를 풀어 정답을 내기까지 작업기억의 정보처리과정이 더 많이 요구된다. 학생이 이 모든 풀이단계를 기억해야 한다면 오답을 낼 가능성은 훨씬 높아진다. 그러나 '수직 방향으로' 문제를 제시하면 정보처리의 부하가 줄어들어 노력을 더 적게 기울여도 된다.

<u>작업기억의 정보처리과정에 도움이 되는 학습도구와 시각보조자료 사용하기.</u> 수학문제를 열과 행으로 정리할 수 있는 모눈종이나 복잡한 수학문제에서 계산기 같은 도구를 사용하면 문제풀이에서 작업기억의 정보처리과정을 줄여준다.

초기전략. 유니픽스 블록(수와 셈의 개념을 가르치기 위해 만든 4세 이상 아동용 블록-편집자)은 작업기억에 과부하를 일으키지 않으면서 수학문제 풀이에 도움을 주는 유용한 교구이다. 가령, 두 자리 숫자의 덧셈을 할 때 수학장애 학생은 유니픽스 블록으로 문제를 시각화하여 눈으로 보면서, 작업기억을 사용해 먼저 일의 자리 블록을 더한 다음 십의 자리 블록을 더해 문제를 풀 수 있다.

<u>작업기억 부하 줄이기 위해 활동 단축하기.</u> 충분히 감당할 수 있는 과제도 시간적인 압박을 받으면 처리할 수 없듯이 시간은 작업기억 수행에 있어서 핵심적인 요소이다. 정보를 처리할 시간이 충분하지 않으면 작업기억에 결함이 있는 학생은 좌절하고 만다. 예를 들어, 20문항의 수학문제를 10분 안에 다 풀라고 하면 이들은 아예 시도조차 안할 것이다. 작업기억에 장애가 있는 학생은 활동을 따라가지 못해 쩔쩔매는 대신 관심을 딴 데로 돌리기 위해 수업시간에 말썽을 피우거나 아니면 눈에 띄지 않으려고 얌전히 앉아있을 수 있다.

초기전략. 작업기억이 과부하에 걸리는 경우의 또 다른 예로는 숙제를 내줄 때이다. 숙제는 흔히 학생들이 교실에서 수업을 마치기 직전에 주어지곤 한다. 작업기억 용량이 부족한 학생은 수업시간의 과제를 마무리하고 숙제에 대한 지시사항을 듣고 그것을 수첩에 적어야 하는 이 모든 요구사항을 감당하지 못한다. 하지만 교사가 아침마다 숙제를 칠판에 미리 적어놓자 학생들은 여유롭게 숙제를 메모할 수 있게 되었다.

특수 전략

수학지식 자동화하기. 난산증 학생은 수학지식을 이해하는 것도 힘들기 때문에 여기에 작업기억을 쓰느라 정작 복잡한 수학문제 풀이에는 작업기억을 사용하지 못한다. 한 학습보조교사가 12세 소년 그레이엄에게 구구단을 어떻게 학습시켰는지를 설명했다. 그녀는 그레이엄이 2단(예컨대, 2, 4, 6...)을 암송하는 동안 왼쪽에서 오른쪽으로 차례대로 건반을 두드리는 '피아노 구구단'이라는 다중감각 전략을 알려줬다. 구구단 문제를 내면 그레이엄은 손가락을 이용해서 답할 수 있었다. 가령, 5×2라고 물으면 다섯 손가락을 두 번 두드리고 10이라고 대답하는 식이었다. 마찬가지로, 16에는 2가 몇 개 있냐고 물으면 그는 손가락을 두드려 마침내 정답을 말했다. 연습을 거듭하자 그레이엄은 배수를 술술 말할 수 있게 되었다.

기억보조도구 사용 시범보이기. 대부분의 교실에는 수직선, 차트, 유니픽스 블록과 같은 수학학습용 멋진 시각보조도구가 있지만 학습장애 학생들은 이것을 잘 활용하지 못한다. 어째서일까? 안타깝게도 난산증 학생들에게는 이것이 너무 버거운 일이다. 다시 말해서, 그들은 학습에 도움이 되는 적절한 보조도구를 찾아내는 것은 고사하고 교사가 말한 내용을 기억해서 그 내용을 처리하는 것과 같은 여러 요구사항을 감당할 수 없다.

초기전략. 시각보조도구의 사용을 교사가 직접 시범으로 보여주고 강화하는 것이 중요하다. 수직선을 사용해서 오름차순과 내림차순으로 수를 세보도록 학생들을 격려해라. 그들이 시각보조도구의 사용에 익숙해지면 교사는 이것을 수학문제에 활용할 수 있다. 이렇게 함으로써 학생들은 작업기억을 시각보조도구의 사용법을 파악하느라 사용하는 게 아니라 수학문제를 푸는 데 사용할 수 있게 된다.

작업기억에 도움이 되는 예제 제공하기. 수학지식이 자동화되어 있지 않고 작업기억에도 결함이 있는 난산증 학생은 자신의 생각을 정리해서 수학문제의 풀이방법을 계획할 수가 없다. 수학문제를 풀 때 작업기억에 도움이 되는 한 가지 방법은 풀이단계를 볼 수 있도록 예제와 '풀이과정이 나온 정답'을 제공하는 것이다.

협동학습하기. 난산증 학생은 친구와의 협동학습을 통해 '정답의 풀이과정'을 새로운 수학문제에 적용하는 법을 배울 수 있다. 수학에 대한 불안감 때문에 문제풀이에 어려움을 겪는 증상은 협동학습으로 수학을 배움으로써 효과적으로 개선될 수 있다. 연구결과에 의하면 협동학습은 수학의 추론능력을 향상시키고 이것은 1년 후까지도 계속 이어진다고 한다.

사례연구 제임스

국립학습장애센터의 난산증 체크리스트와 관련된 제임스의 행동은 다음과 같다.

- 수학지식(덧셈, 뺄셈, 곱셈, 나눗셈)을 배우는 데 어려움을 겪는다
- 수학문제 풀이능력 발달에 장애가 있다
- 수학공식에 대한 장기기억이 부족하다
- 수학용어에 익숙하지 않다

제임스는 13세로 8학년이다. 그는 정규 수학수업을 따라가지 못해 내가 가르치는 수학 보충수업으로 옮겨왔고, 지난 2년 동안의 수학수업을 간신히 통과했다. 나는 먼저 '24 - 12', '14+910' 같은 기초적인 수학문제들을 내고 제임스를 평가했다. 그는 '+' '-' 기호가 무엇을 의미하는지도 몰랐으니 문제를 못 푸는 건 당연했다. 기호의 의미를 설명해줘도 못 풀었다. 마침내 제임스는 수학기호의 의미('+'는 덧셈, '-'는 뺄셈 등)를 이해하게 되었다. 하지만 다음 수업시간이 되자 그것을 깡그리 잊어버렸다.

그는 자릿수가 많은 수학문제의 경우에는 풀이단계의 순서도 알지 못했다. 가령, '910+14'라는 문항이 주어지면 풀이단계에 따라 계산하는 게 아니라 답을 찍었다. 심지어 내가 제임스에게 먼저 일의 자리 숫자를 더하고, 그 다음에 십의 자리 숫자를 더하고, 마지막으로 백의 자리 숫자를 더하라고 일러줘도 그는 풀이단계를 따라하지 못했다.

제임스는 암산도 힘겨워했다. 내가 칠판에 한 자릿수 문제(5 + 8)를 적으면 정답을 아는 학생들은 손을 들었다. 이 연습문제를 하는 동안 제임스는 손을 든 적이 한 번도 없었다. 언젠가 수업이 끝나고 제임스와 일대일로 앉아서 함께 이 연습문제를 풀었는데, 그는 여전히 어려워했고 정답을 내지 못했다.

전략

수학지식 자동화하기

수학기호의 용어를 배우는 데 우리는 첫째 주를 온통 보냈다. 나는 제임스에게 앞면에 다음과 같은 수학기호(+, -, ×, ÷, √)가 표시된 플래시카드세트를 주었다. 카드의 뒷면에는 각 기호에 해당되는 명칭(더하기, 빼기, 곱하기, 나누기, 제곱근)이 적혀있고, 우리는 이것을 수업시간 50분 내내 복습했다. 제임스 앞에 있는 화이트보드에 수학문제를 적고 어떤 기호가 문제에 사용되었으며 그 뜻이 무엇인지를 묻기도 했다.

첫째 날에는 수학기호 한 개로 시작해서 날마다 새로운 수학기호를 하나씩 늘려갔다. 금요일이 되자 수학기호만으로 퀴즈를 냈고, 문제지를 주고서 각 기호가 문제에서 어떤 기능을 하는지 파악하게 했다. 예를 들면, '10+19'라는 문제에서 제임스는 플러스 기호(+)를 보고 이것이 덧셈문제라는 것을 알아야 했다. 덧셈을 할 필요는 없었고 단지 기호를 이해하기만 하면 됐다. 제임스는 이 과제를 아주 잘해서 한두 문제밖에 틀리지 않게 되었다.

수학지식 암기할 때 작업기억에 도움이 되는 시각보조도구 사용하기

한 자릿수 덧셈문제에서는 시각보조도구로 먼저 막대기를 사용했다. '3+6'을 문제로 내고 제임스에게 두 더미의 막대기 중 한 더미에서는 3개, 나머지 한 더미에서는 6개를 갖게 했다. 그러자 그는 두 더미를 합해서 정답인 9를 맞췄다. 그런 다음에는 비슷한 문제를 풀 때 손가락을 사용하라고 했다. 예를 들어, '23+6'이라는 문제가 주어지면 23에서 시작하여 손가락으로 6을 세어서 답을 말하는 식이다. 마침내 그는 이 개념을 '23+12'처럼 10보다 큰 숫자에도 사용할 수 있게 되었다.

작업기억에 도움이 되는 시각적 도구 사용하기

풀이과정의 단계별 설명이 적힌 도표를 제임스의 책상에 붙여놓고 일주일 동안 사용하게 한 다음 도표를 제거했다. 그리고 나서 제임스를 테스트했더니 백점이 나왔다.

작업기억에 도움이 되는 예제 제공하기

나누기와 제곱근이 포함된 수학문제는 예시문제를 제공해서 제임스가 그 예제를 보며 따라서 풀 수 있게 했다. 이렇게 하자 그는 작업기억을 풀이단계의 학습에 사용할 수 있었다. 제임스는 예제를 따라가며 문제의 첫 번째 단계를 풀었고, 다음 날에도 두 번째 단계를 풀었다. 이런 식으로 문제풀이의 모든 단계를 배울 수 있었다. 일주일 후에는 예제를 보지 않고도 문제의 첫 번째 단계를 풀 수 있었으며, 마침내 수학문제 전체를 혼자서 풀 수 있게 되었다.

사례연구 사만다

국립학습장애센터의 난산증 체크리스트와 관련된 사만다의 행동은 다음과 같다.

- 사물을 계량하는 데 어려움을 겪는다.
- 논리적인 방식으로 사물을 정리하지 못한다.
- 암산을 하지 못한다.

사만다는 내가 가르치는 9학년 요리수업을 듣는 15세 소녀이다. 기초교육과정의 일부로 모든 학생은 요리 레시피와 관련하여 기초적인 계량법을 이해해야 한다. 대개 처음 며칠은 조리도구를 소개하는 것으로 보낸다. 조리도구가 어디에 사용되고 측정치가 의미하는 것은 무엇인지 등에 대해 설명하는 것이다. 첫 번째 주가 지나자 나는 주방용품, 계량, 단순 변환(예컨대, 컵에는 몇 온스의 액체가 들어가는가?)에 대한 간단한 퀴즈문제를 냈다. 사만다는 주방용품의 용도에 대해서는 잘 알고 있었지만 계량문제와 변환문제는 풀지 못했다.

이런 문제를 못 푸는 학생에게는 일반적으로 온스로 표기된 레시피대로 따라한 후 계량컵으로 변환하게 하는데, 사만다는 이것도 잘 못해서 그녀의 레시피는 기대했던 대로 되지 않았다.

나는 사만다가 수업을 계속 들을 수 있도록 요리를 잘하는 아이들과 한팀을 만들어줬다. 하지만 아이들은 그녀가 레시피에 맞게 계량해서 합계를 내지도 못한다며 팀에 도움이 되지 않는다고 투덜댔다.

전략

수학지식 자동화하기

나는 계량도구를 일일이 꺼내서 명칭을 설명해주고 사만다가 기억하기 쉽도록 도구마다 이름표를 붙여놓았다. 예를 들면, 테이블스푼 계량도구에는 '테이블스푼'이라고 이름표를 붙여놓았다. 일단 이 계량도구들을 완전히 파악하고 나자, 사만다는 팀에서 계량도구를 레시피에 사용할 수 있게 되었다.

작업기억에 도움이 되는 시각보조도구 사용하기

나는 온스를 컵으로, 티스푼을 테이블스푼으로 변환하는 방법을 사만다가 배울 수 있도록 도왔다. 계량컵 하나에 8온스라는 표시를 해놓고는 계량하는 법을 사만다에게 계속 보여주고 그대로 따라서 반복하게도 했다.

또한 참고용으로 사용할 수 있도록 사만다에게는 변환도표도 제공했다. 한 달간 변환규칙을 가르친 후 사만다에게 다시 퀴즈를 냈을 때, 그녀는 특히 시각정보가 포함된 문제에서 엄청난 향상을 보였다.

시각보조도구 사용 시범보이기

나는 사만다에게 '1컵이 8온스이면 1/2컵은 몇 온스인가?'와 같은 어려운 문제를 냈다. 문제를 적고는 계량컵 두 개를 사용해서 한 컵에는 물을 가득 채우고 나머지 컵에는 반만 채웠다. 이렇게 시범으로 보여주자 사만다는 1/2컵이 4온스와 같다는 것을 이해하게 되었다. 나는 그녀가 익숙해질 때까지 몇 주 동안은 라벨이 붙어 있는 도구를 사용할 수 있게 해줬다.

사례연구 크리스토퍼

국립학습장애센터의 난산증 체크리스트와 관련된 크리스토퍼의 행동은 다음과 같다.

- 식료품비와 같은 비용을 어림잡아 계산하는 데 어려움을 겪는다.
- 기초적인 수학지식 이상의 수학개념을 학습하는 것에 어려움을 겪는다.
- 예산을 세우고 결산하는 능력이 부족하다.

크리스토퍼는 부모의 집에서 막 독립한 20세 성인이다. 그는 휴대폰회사의 고객서비스센터에서 일하고 있다. 부모로부터 생활비를 받고 있지만 태어나서 처음으로 혼자서 쇼핑과 계정관리를 하게 되었다. 자신의 월급으로 식료품비를 비롯하여 그 밖의 생활비를 충당할 수 있을 것으로 생각했지만, 첫 월급을 받고나자 그는 수입과 지출을 맞추기 위해 어쩔 수 없이 저축을 축내야만 했다.

어머니가 은행업무를 상의하기 위해 그의 집을 방문했고, 크리스토퍼에게 예산 세우는 법을 가르쳐달라고 재무교사인 내게 요청했다. 재무프로그램 과정 중에는 크리스토퍼가 쇼핑할 때 나와 동행하는 것이 있었다. 나는 그에게 세금 없이 20달러 한도 내에서 다섯 개의 물품을 장바구니에 담아오라고 했다. 그가 가져온 물품 다섯 개의 가격을 합산했더니 35달러나 됐다.

전략

활동에서 작업기억의 정보처리과정 줄이기

나는 크리스토퍼에게 물품 두 개를 10달러어치만 찾아오게 했다. 그가 이 과제를 잘 수행하자 나는 전체 금액을 올리면서 물품의 수도 증가시켰다.

작업기억의 정보처리과정에 도움이 되는 학습도구 사용하기

크리스토퍼는 장바구니에 물품을 더할 때마다 계산기를 사용해서 구매가격을 합산했다. 나는 크리스토퍼에게 계산기를 사용하지 말고 구매물품의 목록을 모두 공책에 적어 보라고 했다. 4주가 지나자 그는 전체 구매품목을 합산해서 그 금액으로 주간 식료품 예산을 세울 수 있었다. 매주 그는 공책에 적혀있는 식품목록을 구매 가이드로 삼아 예산에 맞춰가며 물품을 구매할 수 있게 되었다.

작업기억 부하 줄이기 위해 활동 단축하기

나는 그에게 가격을 반올림하고 물품은 한 번에 하나씩만 추가하라고 했다. 예를 들면, 첫 번째 물품을 0.99달러(반올림해서 1달러로 계산)에 구입하고 이 금액을 작업기억에 저장한다. 두 번째 품목이 3.99달러(반올림해서 4달러로 계산)라면 이 4달러를 첫 번째 물품의 가격인 1달러와 합산한다. 구매한 모든 품목을 이런 식으로 합산해가는 것이다.

크리스토퍼는 월말에 결산을 하고 예산을 알맞게 세울 수 있게 되었으며, 결과적으로 식료품과 같은 품목에서 과소비가 사라졌다. 이렇게 되자 그는 돈을 절약할 수 있게 되었고 부모로부터 독립할 수 있게 되었다.

📋 **SUMMARY**

1 핵심 결함
수학장애 학생들은 숫자감각이 떨어지기 때문에 어릴 때는 숫자규칙과 연산지식을 배우는 데 어려움을 겪고, 연령이 높아지면 복잡한 연산과 단어문제를 푸는 데 어려움을 겪는다.

2 작업기억 특성
수학장애 학생들에게서는 '시공간작업기억'의 결함이 발견된다. 어린 학생들(5-7세)은 언어작업기억의 결함도 보이지만, 연령이 높은 학생들(8세 이상)은 언어작업기억이 평균 수준일 수 있다.

3 전략
수학장애 학생들을 돕기 위해서는 작업기억의 정보처리를 최소화하도록 수학지식을 자동화하고 시각자료를 사용해야 한다.

발달협응장애

UNDERSTANDING
WORKING MEMORY

>> 발달협응장애란 무엇인가?

>> 발달협응장애와 관련 있는 뇌 영역은 어디인가?

>> 왜 작업기억이 발달협응장애와 관련 있는 것일까?

>> 발달협응장애 학생의 작업기억 결함을 어떻게 지원할 수 있을까?

도표 5.1의 쓰기 견본을 보라. 지능은 평균이지만 발달협응장애 (Developmental Coordination Disorder, 이하 DCD)로 진단받은 12세 소년 톰의 글이다. 그는 소근육 운동통제를 힘들어하기 때문에 연필이나 볼펜을 똑바로 잡지 못하고, 기본 낱자 형태를 숙달하지도 못했으며, 심지어 정상 속도로 쓰지도 못한다. 톰은 다음과 같이 말한다. '쓰기 과제는 정말 싫어요! 제가 반에서 제일 느려서 늘 초조하고 불안해요. 글을 쓸 필요가 없다면 좋겠어요.' 소근육 운동능력의 결함은 교실에서 글쓰기를 할 때 가장 분명하게 드러난다.

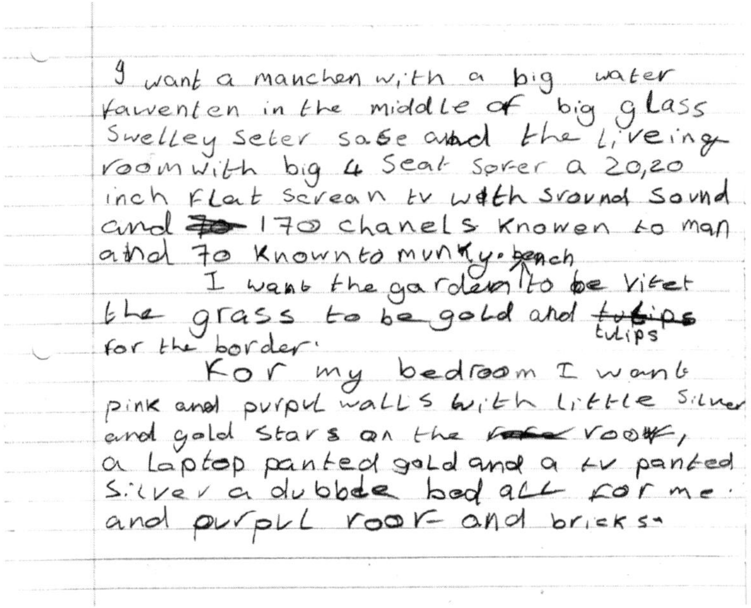

I want a manchen with a big water fawenten in the middle of big glass swelley seter sabe and the liveing room with big 4 seat sprer a 20,20 inch flat screan tv w<s>i</s>th sround sound and ~~7o~~ 170 chanels knowen to man and 7o known to munky.~~bench~~

I want the garden to be viter the grass to be gold and ~~tulips~~ tulips for the border.

Kor my bedroom I want pink and purpll walls with little silver and gold stars on the ~~roor~~ roof, a laptop panted gold and a tv panted silver a dubbel bed all for me and purpll roor and bricks.

도표 5.1 쓰기 견본

따라해 보세요

소근육 운동능력

당신의 운동능력을 검사해보자. 평소에 쓰지 않는 손으로 연필을 잡아봐라. 오른손잡이라면 왼손으로, 왼손잡이라면 오른손으로 잡는다. 연필을 잡은 느낌이 어떤가? 편안한 위치를 찾기까지 시간이 걸렸는가? 연필 잡는 위치를 자주 조정했는가?

이제 문장 하나를 써서 누군가에게 읽어보게 해라. 당신이 써놓은 문장을 읽기 어려워하는가? 평소 주로 사용하는 손으로 쓴 글과 이 문장을 비교하면 어떤가? 지금 당신은 발달협응장애(DCD) 학생이 겪고 있는 운동협응문제를 부분적으로 경험한 셈이다.

발달협응장애란 무엇인가

발달협응장애(DCD) 학생은 쓰기에서만 어려움을 겪는 게 아니다. 발달협응장애는 운동장애와 시각장애가 모두 나타나는 것이 특징이다. 다음 장면을 떠올려보라. 수지는 운동장에서 친구를 보고 달려간다. 그녀는 자기 발에 걸려 넘어졌다가 일어나서 아무 일도 없었던 것처럼 웃는다. 친구들이 앞다투어 정글짐 위에서 좌우로 옮겨 다니면서 놀 때 수지는 미끄럼틀만 타고 있다. 천천히 하면 할 수 있지만 그녀는 정글짐에 오르고 싶지 않다. 그녀는 체육시간이 싫다. 팀을 짤 때면 항상 맨 나중에 선택된다. 너무 긴장해서 공을 잘 잡지 못하고 어쩌다 공을 잡아도 놓치기 때문이다. 체육시간을 피하기 위해 수지는 교실에서 선생님의 교구정리를 자원한다. 가끔은 선생님이 치우라고 한 교구재를 놔두고 엉뚱한 것을 치울 때도 있지만 그녀는 체육시간보다는 선생님의 일을 거드는 게 더 좋다.

당신의 학급에도 수지와 같은 학생이 있을 것이다. 이런 아이들은 몸의 균형을 잡지 못하고, 오른쪽과 왼쪽도 잘 구별하지 못하며, 공간지각능력이 부족한 데서 오는 장애 때문에 자존감이 낮다. 발달협응장애가 있는 어린 아동은 작은 물체를 집어 올리거나 외출하기 전에 외투의 단추를 채우거나 신발끈 묶기와 같은 행동을 어려워한다. 좀 더 연령이 높은 아동은 컴퓨터 키보드를 사용하면 쓰기에서 겪는 문제점을 덜 수 있는데도 불구하고, 손가락 운동능력이 형편없기 때문에 키보드 사용을 어려워한다.

시각장애도 움직임 통제 및 운동학습과 연관이 있다. 이를테면 발달협응장애 학생은 시각자극을 추적하는 능력이 부족한데 이것은 자신에게 날아오는 공을 너무 늦게 인식해서 그것을 잡지 못할 수도 있다는 말이다. 이들은 다가오는 자동차의 속도나 거리를 판단하지도 못한다. 3차원 지각능력이 부족하기 때문에 책상과 의자 사이의 거리를 잘못 판단하는 경우도 잦고, 패턴이 있는 표면 위의 물체를 찾는 데 어려움을 겪는다.

DSM과 진단

미미한 뇌기능장애, 지각-운동장애, 신체적으로 어색한 동작, 어설프고 서툰 몸짓, 굼뜬 행동과 같은 용어는 운동장애가 있는 사람을 묘사할 때 사용된다. 발달협응장애는 보통 소아과의사나 작업치료사(신체적·정신적·정서적·작업적 장애가 있는 환자에게 의사의 처방에 따라 필요한 작업치료를 해서 사회생활을 할 수 있도록 돕는 재활의학의 한 분야-편집자)와 같은 전문의료인에게 진단을 받는다. 진단은 아동용 운동종합검사(Movement Assessment Battery for Children, MABC-2) 또는 브뤼닝크스-오세레츠키 운동장애검사(Bruininks-Oseretsky Test of Motor Proficiency)와 같은 표준화 검사에서의 수행을 토대로 일어난다.

DSM-5(Diagnostic and Statistical Manual of Mental Disorder, 정신장애 진단 및 통계편람, DSM-5로 알려진 5판-편집자)에 기초한 임상적 관찰은 다음과 같다.

- 또래에 비해 운동능력이 떨어진다
- 운동장애가 일상적인 활동에 부정적인 영향을 준다
- 뇌성마비와 같은 여타 의료증상이 전혀 없다

교육자가 사용할 수 있는 선별검사도구들도 출시되어 있다. 이 도구들은 진단용은 아니지만 학생의 운동능력에 관한 유용한 정보를 제공해준다. 교사들을 위한 관찰체크리스트인 아동용 운동종합검사는 일상활동에서의 운동능력을 상세히 설명한다.

작업기억과 발달협응장애에 관여하는 뇌 영역은 어디인가

발달협응장애(DCD)는 운동 및 시각증상이 광범위하기 때문에 발달협응장애 행동을 담당하는 뇌 영역을 파악하고 이곳이 작업기억과 어떻게 상호작용하는지 밝혀내는 게 쉽지 않다. 시공간작업기억 과제를 수행하는 동안 발달협응장애 아동의 뇌 활동을 관찰한 유일한 연구가 있다(Tsai et al., 2012). 이 연구에 참여한 아동은 격자무늬 위의 무당벌레 그림을 보고 이들의 위치를 비교하는 과제를 받았다. 발달협응장애 아동은 응답시간이 더 길었을 뿐만 아니라 정상적인 발달 아동에 비해 과제수행도 더 나빴고 뇌 활동패턴도 매우 달랐다. 발달협응장애 아동은 작업기억이 위치하고 있는 전전두피질(prefrontal cortex, PFC)이 더 적게 활성화되었다. 이것은 공간자극을 비교할 때 발달협응장애 아동의 작업기억이 또래보다 떨어진다는 의미이다.

왜 작업기억이 발달협응장애와 관련 있는 것일까

사례연구 조슈아

오늘밤 저는 기억장애에 대한 선생님의 연구결과를 다룬 기사를 읽게 되었습니다. 학교수업을 따라가지 못해 학교의 특수교육전문가(special education needs coordinator, SENCO)에게서 특별지원을 받고 있는 제 아들 조슈아 때문에 이 기사를 관심 있게 읽었습니다. 특수교사는 조슈아에게 통합운동장애(Dyspraxia, 가장 일반적으로 사용되는 용어로 발달협응장애와 같은 의미-편집자) 경향이 있다는 것을 알지만, 저와 특수교사 둘 다 조슈아의 학습을 가로막는 가장 큰 장벽은 작업기억 성능이 낮기 때문이라고 생각합니다. 이것이 모든 영역에서 그의 학습에 영향을 미치고 있습니다. 조슈아는 한 번 가본 장소나 만났던 사람에 대한 장기기억은 뛰어나지만 태어나면서부터 들었던 자장가는 첫 소절 이상을 따라하지 못합니다. 열심히 노력해도 철자(단어)를 배우고 지시를 따르는 것은 정말 힘들어합니다.

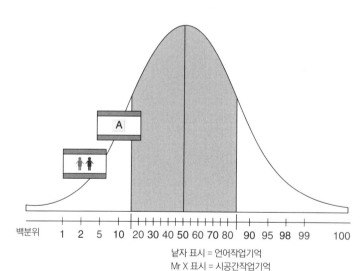

백분위 1 2 5 10 20 30 40 50 60 70 80 90 95 98 99 100

낱자 표시 = 언어작업기억
Mr X 표시 = 시공간작업기억
회색으로 칠해진 대역의 점수는 평균범위 안에 있다.

도표 5.2 발달협응장애의 작업기억 특성

부족한 시공간작업기억이 발달협응장애(DCD) 학생의 주요 약점이다. 이들이 시공간작업기억 검사에서 일반 학생보다 더 낮은 점수를 받을 확률은 일곱 배 이상이다. 도표 5.2에서 보듯이 이들의 작업기억은 같은 연령대의 학생들에 비해 매우 낮다. 예컨대, 칠판에 적혀있는 목록을 베껴 쓸 때 자신이 어디를 쓰고 있는지 그 위치를 파악하는 것과 같은 시공간작업기억 과제가 이들에게는 왜 그렇게 어려운 걸까? 연구에 의하면 우리는 움직임을 계획하고 조절하는 데 작업기억을 사용한다. 그렇기 때문에 작업기억에 결함이 있으면 공간계획과 관련된 과제를 수행하는 게 힘들어지는 것이다.

머리를 두드리면서 배를 문지르려고 해본 적이 있는가? 처음에는 쉽지 않지만 점점 익숙해질 것이다. 이 과제는 서로 다른 두 동작을 동시에 해야 하는데, 성공적으로 해내려면 작업기억이 필요하다. 이제 또 하나의 과제를 추가해 보자. '생일축하' 노래의 리듬에 맞춰 발로 바닥을 두드리는 것이다. 이때, 머리를 두드리는 손은 그 리듬을 따라가지 않도록 주의해야 한다. 리듬에 맞춰 발을 두드리는 세 번째 동작이 추가되면서 작업기억은 과부하에 걸리고 모든 동작은 엉망진창이 될 것이다. 칠판에 적혀있는 문장을 베껴 쓰면서 자신이 필기하고 있는 위치를 파악하는 것과 같이 시공간작업기억을 사용해야 할 때를 생각해보라. 발달협응장애 학생은 늘 이와 비슷한 도전에 직면하고 있다고 보면 된다.

작업기억과 아동기 초기 발달협응장애

소근육 운동능력 장애는 어린 아동의 손글씨 쓰기에 영향을 미친다. 쓰기과제를 할 때 이들은 부족한 작업기억을 교실활동뿐만 아니라 연필잡기에도 할애해야 하는 복합적인 어려움을 겪는다. 결과적으로는 칠판에 적혀있는 문장을 베껴 쓰는 간단한 과제조차도 버거워할 수 있다.

작업기억과 아동기 중기 발달협응장애

수업을 잘 따라가려면 시공간작업기억이 매우 중요하기 때문에 발달협응장애 학생은 대체로 성적이 낮다. 이것은 발달협응장애 학생을 다음과 같이 시공간작업기억이 매우 낮은 집단과 비교적 높은 집단으로 구분하여 학업성취도를 비교한 연구에서도 증명되었다. 시공간작업기억이 낮은 집단이 높은 집단보다 표준화 시험에서 읽기와 수학성적이 훨씬 낮았다. 다시 말해서 작업기억이 성적을 결정하고 있었다.

IQ, 작업기억, 발달협응장애. 정상적인 발달과정의 학생들에게는 IQ와 학습이 서로 연관성이 있다. 발달협응장애 학생은 대개 비언어성 IQ검사에서 매우 낮은 점수를 받는데, 특히 움직임이 포함된 검사에서 점수가 낮다(예컨대, 웩슬러 아동용 지능검사의 블록짜기와 물체맞추기 하위검사). IQ와 작업기억 중 어느 것이 발달협응장애 학생들의 성적을 결정하는 더 중요한 요인인지를 검증한 연구가 있다(Alloway, 2007). 연구자는 학생들의 IQ와 작업기억을 측정하고 통계절차를 이용해서 두 집단의 IQ수준이 동일하도록 학생들을 선발했다. 이렇게 함으로써 작업기억 비교가 가능해지자 시공간작업기억이 낮은 집단이 높은 집단보다 성적이 여전히 더 나쁜지 확인할 수 있게 되었다. 연구결과 발달협응장애 학생의 경우에도 작업기억이 나쁘면 성적이 낮다는 유사한 패턴이 나왔다.

발달협응장애와 학습장애. 작업기억은 학업의 성공과 실패를 가르는 핵심 요인으로 보인다. 그렇다면 작업기억의 성능이 낮은 발달협응장애 학생과 학습장애는 있지만 작업기억이 우수한 학생 중 어느 쪽이 학업성적이 더 낮을까? 앨러웨이와 템플의 연구(Alloway & Temple, 2007)에서 밝혀낸 바에 의하면 발달협응장애 학생의 작업기억 점수가 학습장애 학생보다 더 낮으면 이들 발달협응장애 학생이 더 나쁜 성적을 받았다.

발달협응장애와 단순언어장애. 이러한 연구결과를 지지하는 추가 증거가 발달협응장애 학생과 단순언어장애(specific language impairment, 이하 SLI) 학생을 비교한 연구에서도 나왔다(Alloway & Archibald, 2008). IQ는 평균이면서 언어능력이 부족한 것이 단순언어장애(SLI)의 특징이다. 단순언어장애 학생은 과거시제 형태로 바꾸는 걸 어려워하고 정상적인 발달과정의 학생에 비해 어휘력도 떨어진다. 단순언어장애 학생의 작업기억은 발달협응장애 학생보다 더 우수하다. 이들의 성적을 비교한 결과, 발달협응장애 학생은 작업기억이 부족하기 때문에 학업성적이 더 낮다는 사실이 다시 한 번 드러났다. 발달협응장애 학생은 작업기억 부족으로 인해 학업을 따라가지 못하는 것이다. 그렇다면 다음과 같이 반대로 생각해볼 수도 있을 것이다. 부족한 작업기억을 지원해준다면 발달협응장애 학생의 성적을 향상시키는 것도 가능하다.

감각처리장애 - 무엇이 문제인가?

어릴 때 마르코 폴로 놀이(일종의 술래잡기 놀이로 술래가 눈을 가리고 마르코라고 외치면 나머지 아이들은 폴로라고 말한다. 술래는 폴로라는 소리를 듣고 위치를 가늠해 아이들을 찾아낸다–옮긴이)를 해본 적이 있는가? 나는 술래일 때 눈을 감고 점점 더 빨리 빙빙 도는 것을 좋아했었다. 이 놀이를 교통이 붐비는 사거리 한가운데에서 한다고 상상해보자. 자동차는 경적을 울리고 개는 짖고 사이렌 소리가 들리고 사람들은 고함을 지른다. 당신은 술래이고 '폴로'라는 소리가 어디서 들려오는지에 귀를 기울이고 있다. 소리 · 촉각 · 불빛에 매우 예민한 학생에게 세상은 이렇듯 혼란스런 장소이다. 결과적으로 이들은 새로운 환경에서 방향감각을 잃고 헤맬 수 있다. 이런 장애를 감각통합장애(sensory integration dysfunction, 이하 SID) 또는 감각처리장애(sensory processing disorder, 이하 SPD)라고 한다.

자신의 아이가 걷기나 말하기처럼 일정한 발달단계에 도달하지 못한 이유를 알고 싶어 하는 부모들에게는 이런 진단명이 위안이 되는지도 모른다. 하지만 감각처리장애(SPD)와 같은 진단명이 부모들에게 정말로 도움이 될까? 일부 심리학자들은 감각처리장애 진단이 실제로는 부모들에게 해를 끼친다고 주장한다. 그 몇 가지 이유는 다음과 같다. 먼저 감각처리장애와 관련된 많은 장애는 신경발달의 미성숙으로 나타나기 때문에, 효과가 입증되지도 않은 고가의 치료를 받지 않고도 증상이 저절로 사라질 수 있다는 것이다. 일부 의료진이 진단을 내리고는 있지만 DSM-5(정신장애 진단 및 통계편람)에서는 감각처리장애를 장애로 인정하고 있지 않다. 또 다른 이유로는 감각처리장애의 특징이 발달협응장애(DCD), 주의력결핍 과잉행동장애(ADHD), 자폐스펙트럼장애(ASD)와 같은 다른 심각한 장애의 증상인 경우가 많다는 것이다. 일단 감각처리장애 진단을 받게 되면 부모는 아이가 적절한 도움을 받고 있다고 착각하고 안심해버릴 수 있다. 훨씬 심각한 장애가 진단도 받지 못하고 결과적으로는 치료도 받지 못한 채 진행되고 있는데도 말이다. 마지막 이유로는 감각처리장애의 진단이나 치료를 다룬 임상사례로 발표된 건수가 거의 없다는 것이다. 그나마 발표된 연구는 표본의 크기가 너무 작다는 비판을 받고 있다. 그렇다면 실제로 감각처리장애 증상이지만 이러한 증상은 정확한 진단과 적절한 치료를 필요로 하는 아주 심각한 장애를 보여주는 것일 수 있다.

작업기억과 성인기 발달협응장애

발달협응장애(DCD) 성인은 운동능력이 포함된 새로운 과제의 학습을 특히 힘들어한다. 가령, 이들은 운전을 배운다거나 운동신경을 요구하는 새로운 과제에 익숙해지기 어렵다. 발달협응장애 성인들을 면담한 연구결과 이들은 평행 주차나 후진을 특히 어려워하고 '단지 운전의 감을 잡는 것도 쉽지 않다'고 느끼는 것으로 보고되었다. 이러한 운동장애가 복잡한 도로 위에서 길을 찾고 교통상황을 판단하고 다른 운전자의 움직임을 예견하는 작업기억 부담과 결합되었다고 상상해보라. 이 모든 정보를 처리하는 것은 능숙한 운전자에게도 과중한 부담이다. 발달협응장애 성인이 복잡한 교통시간대를 피하고 싶어 하고 심지어 운전을 아예 포기하려는 이유를 쉽게 이해할 수 있을 것이다.

발달협응장애 성인은 직장에서도 -특히 새로운 직무를 시작할 때- 비슷한 어려움을 겪는다. 일의 요령을 배우는 데 작업기억의 주의를 기올여야 하지만 이들은 운동장애 때문에 새로운 운동기술을 학습하는 데 작업기억을 활용하게 된다. 결과적으로 이들은 기대에 부응하지 못하고 실망과 좌절을 겪는다. 한 발달협응장애 성인은 작업기억의 과부하로 인해 직장에서 발생한 결과를 다음과 같이 말했다. '저는 여러 공장에서 일했어요. 가장 힘들었던 곳은 자동차 머플러를 용접하는 곳이었어요. 그 곳에서 팔 전체에 화상을 입었거든요'(Missiuna et al., 2008).

어떻게 작업기억을 지원할 것인가

이 섹션에서는 발달협응장애 학생들에게 맞춘 일반 작업기억 전략을 소개한다. 아래의 일반 전략은 학급의 여타 학생들에게도 적합하게 수정하여 사용할 수 있다.

작업기억에 도움이 되는 시각적 도구 사용하기

발달협응장애 학생은 시공간작업기억이 부족하기 때문에 기억을 돕는 시각적 단서(visual prompts)로 과제나 학습활동을 지원하는 것이 중요하다.

연령이 높은 발달협응장애 학생은 작업기억의 성능이 낮기 때문에 수업교재를 깜빡 잊고 오는 일이 잦다. 학생이 수업시간에 맞게 해당 교재를 가져올 수 있도록 수업별 교재의 사진을 수업시간표에 넣어 학생의 책상 위에 붙여주는 것도 생각해볼 수 있다.

한 교사는 교실 앞쪽에 마술 화이트보드를 놓아두고서 학생들이 앞으로 나와서 여기에 손을 대면 다음 수업이 무엇인지 알 수 있게 했다고 말했다. 교실에 있는 다른 시각보조도구들과 마찬가지로 이것도 많은 학생에게 도움이 될 수 있다. 하지만 발달협응장애 학생에게는 화이트보드까지 걸어가서 시간표에서 정확한 지점을 찾아 다음 수업이 무엇인지 확인하고 다시 자리로 돌아와 해당 교재를 꺼내야 하는 이 모든 과정이 혼란스러울 수 있다. 이런 학생들을 도우려면 무엇보다도 이러한 시각적 단서를 이들이 바로 사용할 수 있게 해줘야 한다. 학생의 책상 위에 붙여준 시간표에 화살표를 넣어준다면 학생은 화살표를 움직여서 다음 수업이 무엇인지 떠올릴 수 있을 것이다. 이렇게 함으로써 이들은 필요한 책이 무엇인지 알아내려 애쓰지 않아도 되고 수업에 집중하는 데 작업기억을 쓸 수 있게 된다.

초기 전략. 플로리다의 한 교사는 다음과 같은 이야기를 공유했다. 그녀는 학생들에게 도시락을 받으러 가기 전에 문 옆에 줄을 서서 기다리라고 하는데, 다른 학생들이 준비를 마치고 기다리는 동안 여섯 살짜리 캐리는 매번 어떻게 해야 할지 몰라서 교실을 여기저기 돌아다닌다는 것이다. 교사는 오랜 시간을 들여 이것을 일과활동으로 만들어놓아서 학생들은 도시락을 받으러 어디로 가야 하고 다음에 할 일은 무엇인지를 정확히 알고 있었다. 교사는 이 지시사항을 단계에 따라 주기적으로 반복해서 말해줬지만 캐리에게는 그 내용을 항상 알려줘야만 했다. 교사가 생각해낸 해결책은 캐리에게 도시락 사진을 주고 똑같은 사진을 교실 뒤편에 있는 그녀의 도시락 보관함에도 붙여놓는 것이었다. 이 방법은 효과가 있었다. 캐리는 사진을 보고 자신이 무엇을 해야 하고 어디로 가야 하는지를 알게 되었다. 오래지 않아 캐리는 도시락을 받고 일등으로 줄을 설 정도로 빨라졌다!

활동에서 작업기억의 정보처리과정 줄이기

글쓰기는 발달협응장애 학생이 지독히도 힘들어하는 활동 중 하나이다. 이들은 다음과 같이 두 배로 어려움을 겪는다. 말하자면, 이들은 운동장애 때문에 낱자쓰기가 힘들고 시공간작업기억이 부족하기 때문에 쓰는 동안 생각의 흐름을 유지하기가 어려운 것이다. 글자를 정확하게 쓰느라 너무 많은 노력을 기울인 나머지 작업기억 '공간'을 다 써버리고 정작 쓰려고 했던 내용은 잊어버리고 만다. 그로 인해 앞뒤가 맞지 않아 도저히 읽을 수 없는 글이 되는 것이다. 이러한 문제를 피하려면, 경우에 따라서는 음성을 텍스트로 변환해주는(speech-to-text) 소프트웨어 사용을 허용하는 것도 한 방법이다. 이렇게 하면 쓰는 활동 자체보다는 자신의 생각을 전달하는 데 집중할 수 있을 것이다.

초기 전략. 특히 어린 아동의 경우 친구나 학생 도우미를 배정하는 전략은 교실활동에서 작업기억의 정보처리과정을 줄여주는 좋은 방법이다. 발달협응장애 학생은 책상정리나 물건의 정리정돈처럼 신체활동을 완수하는 데 시간이 오래 걸린다. 이런 일상적인 과제를 재빨리 완수하고 다른 학생들에 뒤지지 않도록 둘씩 짝을 지어주면 좋다. 이때 발달협응장애 학생만 친구와 짝을 지어주면 '혼자만 겉도는 외톨이'라고 느낄 수 있기 때문에 다른 학생들도 짝을 지어 과제를 수행하게 한다.

작업기억이 과부하에 걸리지 않도록 방해자극 최소화하기

대부분의 교실 벽에는 알파벳, 구구단, 바다동물 등에 대한 포스터가 붙어있다. 이것은 학습에 도움이 되는 훌륭한 시각 단서들이다. 하지만 시공간작업기억이 부족한 학생들에게는 주변을 둘러보고 수업과 관련된 정보를 찾은 다음, 이것을 책상 위의 과제와 대응시키는 과정이 너무나 힘든 일이다. 그 결과 이들은 활동을 어디까지 했는지 곧잘 잊어버리고 아예 활동을 포기하고 만다. 이와 같이 작업기억이 과부하에 걸리지 않게 하려면 아무 것도 붙어있지 않은 벽 가까이나 어수선하지 않은 자리에 이들을 앉게 하는 게 좋다. 이렇게 하면 이들은 과제에 집중하는 쪽으로 자신의 작업기억을 쏟게 된다.

쟁점토론

운동으로 학습이 향상될 수 있을까?

팔 벌려 높이뛰기와 리듬운동과 같은 간단한 운동이 아동을 똑똑하게 만들 수 있다는 주장이 지난 몇 년간 미디어를 통해 보도되었다. 이런 주장은 근거가 있는 것일까? 먼저 이런 운동을 하면 직접적으로 운동능력이 향상된다는 증거를 살펴보자. 줄넘기처럼 단순한 운동이라면 줄넘기 실력이 향상된 것을 곧바로 확인할 수 있을 것이다. 그러나 하키용 퍽(아이스하키용 고무 원반-편집자)으로 슛을 쏘는 것처럼 복잡한 운동이라면 심지어 1,000번 이상을 연습해도 별로 향상되지 않을 것이다!

학습은 어떤가? 트레이시(Tracy)는 발달협응장애 학생들을 13주간의 운동프로그램에 참가시킨 적이 있다(Alloway & Warner, 2008). 이들 중 절반은 두뇌체조를 비롯하여 다양한 리듬운동을 수행했다. 나머지 절반은 이런 신체활동을 전혀 하지 않았다. 이들을 통제집단이라고 부른다. 우리는 이 통제집단과 대조하여 운동집단의 향상도를 측정할 수 있었다.

13주가 끝나자 운동집단은 통제집단보다 더 우수한 운동능력을 보여주었다. 하지만 학업성적에서는 어떤 효과도 발견되지 않았다. 이들은 읽기와 수학에서 여전히 낮은 점수를 기록하고 있었다.

이 연구는 무엇을 의미하는가? 운동이 두뇌와 신체에 유익하긴 하지만 진정으로 학업성적을 향상시켜주고 싶다면 팔 벌려 높이뛰기와 줄넘기를 시키는 것만으로는 충분하지 않다는 것이다. 이 연구는 물론이고 점점 더 많은 수의 이와 같은 연구가 이점을 입증하고 있다. 성적을 향상시키려면 학습의 기반이 되는 작업기억에 관한 문제를 해결해야 하는 것이다.

사례연구 로버트 – 소근육 운동장애

DSM-5와 관련된 로버트의 행동은 다음과 같다.

- 운동협응을 요구하는 일상활동에서의 수행이 기대 이하로 상당히 낮다
- 손글씨가 서툴다

일곱 살인 로버트는 1학년 반에서 겨우 버티고 있다. 수업시간에 연필을 사용하기 시작하자 비로소 그의 장애가 두드러지게 눈에 띄었다. 쓰기 교육과정의 일환으로 학생은 쓰기를 하고 자신이 쓴 것을 반복해서 써야 한다. 로버트는 연필을 잡는 것도 힘들어했다. 어찌어찌해서 겨우 썼더라도 그가 쓴 글자는 줄을 벗어나 있었다. 올해는 로버트가 스스로 선택한 주제를 토대로 창의적인 글쓰기를 시작한 첫해이다. 로버트는 할머니에 대한 글을 쓰고 싶다고 말했다. 하지만 혼자서 글을 쓰기 시작해야 했을 때 그는 종이를 바라보며 가만히 앉아있기만 했다. 글쓰기가 어떻게

되어 가는지 묻기 위해 로버트에게 다가갔을 때 종이 위에 줄 말고는 아무 것도 보이지 않았다.

전략

소근육 운동능력을 지원함으로써 작업기억의 정보처리과정 줄이기

쓰기활동을 시작하면서 로버트에게 종이 맨 위쪽에 이름을 써보라고 했다. 그는 손에 연필을 꽉 쥐는 것도 힘들어했다. 나는 책상서랍에서 고무줄을 꺼내 로버트의 손바닥에 연필을 대고 묶어주었다. 그러자 그는 비교적 쉽게 이름을 쓸 수 있었다.

복잡한 활동에서 자신의 위치 파악하기

오디오북을 들을 때 내레이터가 말하는 것을 잘 따라갈 수 있도록 로버트에게는 작은 막대기를 사용하게 했다. 이렇게 하자 그는 읽기를 따라가느라 작업기억을 쓰는 대신 텍스트를 이해하는 데 할애하게 되었다.

작업기억의 정보처리과정 줄이기 위해 정보 잘게 쪼개기

나는 로버트 옆에 앉아서 그가 쓰고 싶어 하는 주제에 대해 함께 토론했다. 에세이의 주제문과 보충문장들을 잘 쓸 수 있을 때까지 로버트와 일대일로 작업했다.

작업기억에 도움이 되는 시각적 도구 사용하기

나는 거미 모양의 스파이더 다이어그램을 사용하여 로버트에게 개요작성법을 가르쳤다. 거미줄 중앙의 말풍선에 '할머니'라는 단어를 적고는 할머니와 함께 어떤 활동을 했는지 물었다. 로버트는 할머니가 자기를 볼링장에 데려가셨던 때에 대해 말했다. 나는 그에게 '할머니'라고 적힌 풍선에서 선을 그어 '볼링'이라고 쓴 새 풍선까지 연결해 보라고 했다.

로버트가 세 개의 아이디어를 생각해내자 각각의 아이디어를 확장시켜 보게 했다. 그는 '볼링'에 대해서는 '게임 승자'라고 쓴 새로운 풍선을 만들었다. 아이디어마다 이런 식으로 하고 나서 이번에는 글쓰기를 시작해 보라고 했다. 먼저 할머니가 누구인지를 설명한 다음, 개요에 적었던 모든 주제에 대해 설명하라고 했다.

작업기억 부하 줄이기 위해 학습기간 및 활동 단축하기

두 문장을 쓸 때마다 2분 동안 휴식시간을 갖고 로버트에게 그때까지 쓴 것을 읽어 보게 했다. 그 다음 주에는 한 문장을 늘려 세 문장을 쓸 때마다 휴식시간을 갖게 했다. 마침내 로버트는 휴식시간 없이 앉은 자리에서 한 단락을 쓸 수 있게 되었다.

사례연구 타미 – 대근육 운동장애

DSM-5와 관련된 타미의 행동은 다음과 같다.

- 운동협응을 요구하는 일상활동에서의 수행이 기대 이하로 상당히 낮다
- 물건을 떨어뜨린다
- 행동이 굼뜨고 어설프다
- 스포츠를 잘하지 못한다

타미는 11세로 5학년이다. 비록 동작이 약간 서툴고 몸놀림이 둔하지만 언뜻 보기에는 정상적인 여자아이로 보였다. 그러나 시간이 지나면서 몇 가지 걱정스러운 면이 눈에 띄기 시작했다. 수업 첫날 타미가 내 책상에 부딪히는 바람에 그 위에 쌓여있던 서류더미가 바닥에 흩어졌다. 여기저기 흩어진 서류를 주우면서 좀 도와달라고 하자 타미는 마치 하기 싫은 것처럼 행동하기 시작했다. 그녀는 종이를 꽉 잡지도 않고 급히 대충 잡으려고 했고, 바닥에서 종이를 집어 올리는 것도 매우 힘들어했다. 이런 모습이 처음이었기 때문에 나는 그녀의 행동에 문제가 있다는 생각은 하지 못했다.

시간이 흐르면서 타미의 운동장애는 교실에서 골치 아픈 문제가 되고 있었다. 어느 날 타미가 책상에 앉아 있었는데 갑자기 쿵 소리가 들려왔다. 그쪽을 보았더니 타미가 책상 옆 바닥에 넘어져 있는 것이 보였다. 달려가서 무슨 일인지 물어보자 그녀는 '떨어졌어요'라고 대수롭지 않게 말했다. 아마도 의자에 구부정하게 앉는 나쁜 자세 때문에 떨어진 것 같았다. 그 후 체육교사에게서 타미가 팀스포츠에 어

려움을 겪고 온통 타박상과 멍 때문에 보건실에 가는 일이 계속되고 있다는 보고를 받았다.

타미는 방향을 따라가는 것에서도 문제가 있었다. 학생들이 선택수업을 받기 위해 교실을 이동할 때면 나는 왼쪽과 오른쪽을 알려줬다. 그녀가 리더가 되어 교실을 찾아갈 차례가 되었을 때 타미는 왼쪽과 오른쪽이 뒤죽박죽이 되어 결국 잘못된 교실에 들어갔는데 이런 일은 종종 있었다.

전략

대근육 운동능력을 지원함으로써 작업기억의 정보처리과정 줄이기

타미의 운동장애를 인식하고 난 후 나는 수업시간에 그녀에게 더 많은 지원을 하기 시작했다. 그녀의 자세가 구부정해지면 자세를 똑바로 하게 했고, 교실에서 여기저기 걸어다니는 그녀를 주시하고 있다가 방향을 바꾸려는 낌새가 보이면 이름을 불러서 타미 스스로 올바로 갈 수 있게 했다. 이렇게 하자 여기저기 부딪혀서 다치는 사고가 줄었다.

작업기억에 도움이 되는 시각적 도구 사용하기

타미가 움직일 때 안내해줄 수 있도록 교실 바닥에 선을 따라 색테이프를 붙여놓았다. A에서 B로 가야 할 때 그녀는 선을 따라가기만 하면 되었다. 나는 타미에게 선이 다리 사이에 오도록 그 자세를 유지하면서 걸으라고 했다. 그러자 그녀는 책상이나 탁자에 부딪히지 않게 되었다.

타미에게 방향을 구별하는 요령도 가르쳐줬다. 즉, 두 손을 들어 얼굴 정면 높이에 놓고 엄지와 집게손가락만 세우면 왼손이 'Left(왼쪽)'의 'L' 모양이 된다는 것을 알려줬다. 반 아이들에게 내가 불러주는 방향으로 돌라고 하면, 타미는 이 요령을 이용해서 어느 방향이 왼쪽인지 알 수 있었다. 어느 방향이 오른쪽인지 기억하기 위해서는 글씨 쓰는 손을 들어 보라고도 했다(타미는 오른손잡이였다).

사례연구 테드- 소근육과 대근육 운동장애

DSM-5와 관련된 테드의 행동은 다음과 같다.

- 운동협응을 요구하는 일상활동에서의 수행이 기대 이하로 상당히 낮다
- 손글씨가 서툴다

테드는 20세로 주립대학교 2학년생이었고 나는 학생지원센터에서 튜터로 근무하고 있었다. 테드의 가장 큰 문제는 쓰기능력에 있었다. 글씨가 너무 엉망이라서 테드 자신이 쓴 글도 읽지 못할 정도였다. 나도 전혀 읽을 수가 없었다. 그가 듣는 강의는 컴퓨터 사용이 허락되지 않아서 필기를 온전히 손글씨에만 의존해야 했다. 노트필기가 아주 형편없었기 때문에 나는 테드에게 학생지원센터로 책을 가져오게 해서 함께 공부했다.

전략

작업기억이 과부하에 걸리지 않도록 방해자극 최소화하기

내가 처음으로 한 일은 복잡한 학생지원센터에서 도서관의 조용한 스터디룸으로 옮기는 일이었다. 이렇게 하자 테드는 주변의 다른 사람들로부터 방해받지 않으면서 모든 주의를 나에게 집중했다.

소근육 운동능력을 지원함으로써 작업기억의 정보처리과정 줄이기

우리는 손글씨를 향상시키는 것에 집중하기로 하고 모든 낱자를 하나씩 연습했다. 테드 자신이 쓴 글자를 읽을 수 있는지 매번 확인하면서 쓰기를 반복했고, 문장 하나를 베껴 쓸 때도 천천히 쓰도록 해서 한 자 한 자 낱자를 쓰는 것에 집중하게 했다. 이렇게 반복하자 테드의 쓰기속도는 점점 빨라졌다.

작업기억 부하 줄이기 위해 학습기간 또는 활동 단축하기

2시간 공부하는 동안 10분에 한 번씩 휴식시간을 가졌다. 휴식시간은 2분에서 5분

정도였고 이 시간에 음악비디오를 보거나 일상사에 대해 이야기했다. 테드는 휴식이 끝나자마자 즉시 공부에 집중할 수 있었고, 결과적으로 이러한 휴식은 전체적인 수행을 향상시켰다. 테드가 글쓰기와 필기를 잘하게 되자 휴식시간을 더 많이 갖게 허용했고, 특별히 잘했다거나 강의시간에 필기한 내용을 읽을 수 있으면 공부를 일찍 끝마쳐줬다.

대근육 운동능력을 지원함으로써 작업기억의 정보처리과정 줄이기

테드를 유심히 관찰해 보니 필기가 지저분하고 읽을 수 없는 이유 중의 하나가 그의 자세에 있다는 생각이 들었다. 테드에게 작은 쿠션을 가져와서 등 아래 부분에 바치고 허리를 똑바로 세워 앉으라고 했다. 이렇게 하자 필기한 내용을 알아볼 수 있을 정도로 테드의 필기능력이 향상되었다.

필기능력이 향상되자 성적도 좋아졌다. 성적의 향상은 긍정적인 동기로 작용해 테드는 운동장애를 개선하려고 더욱 더 노력하게 되었다. 자세와 쓰기에 주의를 기울이자 테드는 더 나은 학생이 되었고 이것은 향상된 성적이 입증했다.

SUMMARY

1 핵심 결함

발달협응장애 학생은 소근육 및 대근육 운동능력장애뿐만 아니라 시각장애도 있다.

2 작업기억 특성

발달협응장애 학생은 시공간작업기억의 결함을 보인다. 즉, 일반 학생에 비해 발달협응장애 학생이 시공간작업기억의 성능이 낮을 가능성은 7배나 높다.

3 전략

발달협응장애 학생을 지원하기 위해서는 활동과 지시사항을 짧게 제시한다. 또한 교실활동에서 시공간작업기억의 정보처리과정을 줄여준다.

6

주의력결핍
과잉행동장애

UNDERSTANDING
WORKING MEMORY

제레미는 기분이 좋지 않다. 엄마와 싸우고 학교에 왔는데 운동장에서 어떤 아이가 공을 가로챘다. 제레미는 화가 나서 공을 돌려달라고 요구하더니 조금도 기다리지 못하고 그 아이를 밀치고 공을 빼앗았다. 그 바람에 교장실로 불려왔다. 교장선생님이 왜 그렇게 행동했는지 묻자 그는 이렇게 대답한다. "애들이 절 다르게 보는 게 싫어요. 다들 제가 특이한 아이라고 알고 있어요. 제 머릿속에는 좋은 아이도 있고 나쁜 아이도 있는데 나쁜 아이가 이길 때가 많아요. 저도 모르게 헐크처럼 사납게 변해서 그 아이를 넘어뜨리고 있는 거예요."

담임선생님에 따르면 제레미는 교실에서도 헐크로 변한다. 얌전히 앉아있지 못하고 과제를 제시간에 마치지 못하며 쉽게 주의가 산만해진다. 작업기억에 장애가 있기 때문에 그는 해야 할 일도 완수하지 못하고 칠판에 있는 정보를 읽는 것도 힘들어한다. 제레미는 과제를 가장 먼저 제출하지만 그의 과제물은 늘 실수투성이에 심지어 제대로 끝마치지 않고 제출하는 경우도 잦다.

ADHD란 무엇인가

ADHD(주의력결핍 과잉행동장애, Attention Deficit Hyperactivity Disorder, 이하 ADHD)로 진단을 받는 아동이 약 11퍼센트인데 제레미도 여기에 속한다. ADHD는 아동과 젊은 사람들에게서 가장 흔한 행동장애 중 하나이다(CDC, 2013). ADHD는 과활동적(hyperactive)/충동적(impulsive) 행동(예를 들면, 가만히 있지 못하고, 말이 지나치게 많고, 자신의 차례를 기다리지 못하고, 다른 사람들에게 끼어들어 방해하는 행동)과 주의를 집중하지 못하는(inattentive) 행동(예를 들면, 학교에서 부주의한 실수를 하고, 일상활동을 하는 데 건망증이 있고, 쉽게 주의가 산만해지는 행동)으로 구성되어 있다. ADHD 학생들은 가만히 앉아있지 못하고 또래보다 훨씬 활동적이다. 이들은 복잡한 지시사항에 주의를 기울이지도 그것을 기억하지도 못하고, 남의 일에 끼어들지 않고 가만히 있지를 못한다.

억제하지 못하는 것은 ADHD 학생들의 주요 특성이다. 억제는 부적절한 행동이나 생각 혹은 말을 통제하는 능력이다. 억제는 행동을 계획하고 관리하고 통제하는 집행기능(executive function)이라고 불리는 인지능력과 밀접한 관련이 있다. 억제능력이 부족한 학생은 부적절한 상황에서 엉뚱한 생각이나 행동을 하는 경향이 있다. 이를테면, 받아쓰기 시간인데 일어나서 교실을 돌아다닌다거나, '공룡'에 대한 글을 써야 할 때 당연하다는 듯이 티라노사우루스가 나오는 코믹만화를 집에서 본 이야기를 하는 식이다. 과활동적/충동적인 학생은 효율적으로 학습할 가능성이 적고 종종 다른 학생들을 방해하곤 한다.

따라해 보세요

억제

다음 단어들을 가능한 빠르게 말해 보세요.

해 달 달 해 달 해 해 달 해 달

아래 그림을 보면서 말해 보세요.

지금부터는 조금 어려워요. 보고 있는 단어와 반대로 말해 보세요. 단어가 '해'면 '달'이라고 말하고, 단어가 '달'이면 '해'라고 말하세요.

해 달 달 해 달 해 해 달 해 달

어땠나요? 이제 마지막 문제입니다. 아래 그림을 반대로 말해 보세요.

보기보다 훨씬 어렵죠? 반대로가 아니라 그림에 해당되는 단어를 말하려는 그 자동적인 반응을 억제하거나 눌러야 한다는 게 어려웠을 거예요. 단어를 말하는 대신 그 단어가 쓰인 색상을 말해야 하는 일명 스트룹 검사(Stroop test)로 알려진 좀 더 일반적인 검사버전이 익숙할 수도 있겠네요. 이 전통적인 억제검사에서도 단어의 색상을 말하려면 수검자는 이미 자동화된 기술인 읽기를 억제해야 되지요.

ADHD 학생은 단일 과제에 주의를 집중하는 집행기능 능력인 지속적 주의(sustained attention)에도 문제가 있다. 지속적 주의를 측정하는 흔한 방법은 학생에게 컴퓨터 스크린을 보고 있다가 특정 숫자, 가령, 숫자 '5'가 나타나면 스페이스바를 누르도록 요구하는 것이다. 주의력에 문제가 없는 또래에 비해 ADHD 학생은 스페이스바를 더 빨리 누르지만 훨씬 많은 오류를 범한다. 만일 당신이 검사를 받고 있는 ADHD 학생을 본다면 이들이 숫자 '5'가 나타나기를 기다리지 않고 모든 숫자에서 스페이스바를 누른다는 것을 알게 될 것이다. 이와 비슷한 행동이 교실에서도 흔히 일어난다. 이들은 자신의 행동을 모니터하는 데 문제가 있기 때문에 과제의 목표를 잊어버린다.

당신이 학생들에게 과제를 주고 이와 관련된 평가를 하거나 계획을 세운 경험이 있다면, ADHD 학생이 어떤 상태에 있는지를 어렴풋하게나마 이해할 수 있을 것이다. 과제에 집중하려고 노력해도 질문을 던지는 학생들로 인해 당신은 끊임없이 방해를 받게 된다. 과제를 완수하는 것은 더욱 힘들어진다. 학생들의 방해 때문에 당신이 과제를 완수하기 어려운 것처럼 ADHD 학생은 과제와 관련이 없는 부적절한 생각이 계속 방해하기 때문에 과제를 완수하기가 어렵다.

DSM과 진단

앞서 소개한 제레미와 같은 학생이 ADHD라는 것을 어떻게 알 수 있을까? ADHD 학생은 교실에서 과잉활동, 주의 집중의 어려움, 충동성이라는 특징을 보인다. ADHD 학생과 에너지가 넘치는 정상 학생 간의 차이는 위와 같은 특징을 어느 정도로 얼마나 자주 보이느냐에 있다. ADHD 진단은 생물학적·심리적·사회적 요인을 고려하는데 ADHD 학생이 대개 발달의 모든 단계에서 유의미한 사회적 장애·학업장애·심리장애를 보이기 때문이다. DSM-5 기준에 포함된 내용은 다음과 같다.

- 주의 집중을 못함(예컨대, 쉽게 산만해지는) 및 과활동/충동행동(예컨대, 말이 너무 많은)과 관련된 18개의 증상들
- ADHD 진단을 받으려면 개인은 최소 6개의 증상을 보여야 한다
- 증상의 발현 연령은 7세에서 12세로 변했다

DSM 진단은 일반적으로 임상면담을 포함하지만, 교사는 학생의 주의력 문제를 초기에 선별하기 위해 행동평가척도를 사용할 수 있다. 교실행동에서 주로 사용하는 표준화된 교사용 평가척도로는 코너스 교사용 평가척도(Conners' Teacher Rating Scale, CTRS)가 있다.[1]

작업기억과 ADHD에 관여하는 뇌 영역은 어디인가

수많은 연구에서 뇌가 ADHD에 영향을 주는 방식을 살펴보았다. ADHD 학생은 작업기억이 위치하고 있는 전전두피질(prefrontal cortex, PFC)이 잘 활성화되지 않는다. 수업시간에 자리에서 일어나 돌아다니고 싶거나 좋아하는 텔레비전 방송이 생각날 때 ADHD 장애가

없는 일반 학생은 작업기억이 우위에 서서 이러한 충동을 억제한다. 하지만 ADHD 학생의 작업기억은 이러한 통제력을 발휘할 정도로 충분히 강하지 않다. ADHD 학생의 전전두피질(PFC)에서 발견되는 뇌 부피의 감소가 그 원인일 가능성이 높다.

이와 동시에 운동기능의 계획과 통제를 담당하는 운동피질영역은 지나치게 활성화된다. 이것은 마치 강력하고 거대한 엔진을 장착한 자동차가 경주에 참가하여 계속해서 회전속도를 올리고 있는 것과 비슷하다. 운동피질이 엔진이라면 전전두피질(작업기억)은 브레이크이다. 브레이크가 제대로 작동하지 않으면 결과적으로 매우 심각한 행동상의 문제를 초래하게 된다.

왜 작업기억이 ADHD와 관련 있는 것일까

이 섹션에서는 작업기억 성능이 낮으면 12세 이상의 ADHD 학생에게 어떤 영향을 미치는지 DSM-5 준거에 따라 설명한다. DSM-5는 12세 미만의 학생이라면 주의력과 행동문제를 보일 수 있지만, 대부분 12세 무렵에 이르면 이러한 패턴에서 벗어난다는 사실을 인정하고 있다.

ADHD의 일부 특징(예컨대, 주의를 집중하지 못하는 행동)이 작업기억의 낮은 성능과 밀접한 관련이 있지만, 이 둘은 별개의 문제라는 사실을 분명하게 인식해야 한다. ADHD 학생이 작업기억의 성능이 낮은 건 맞지만, 낮은 성능의 작업기억을 가졌다고 해서 모두가 ADHD

인 것은 아니다. 한편 ADHD로 진단받는 확률은 남자아이들이 여자아이들보다 4배나 높다. 아마도 여자아이들은 충동을 공상이나 몽상으로 잠재우지만 남자아이들은 행동으로 옮기기 때문일 것이다. 또 다른 한편으로는 3,000명 이상의 아동을 대상으로 한 연구결과(Alloway et al., 2009a)에서 남자아이들이 여자아이들에 비해 작업기억 장애를 가질 확률이 더 높지는 않은 것으로 입증되었다.

과잉활동과 충동행동 이외에도 ADHD 학생은 수업시간에 작업기억 장애와 관련된 전형적인 행동을 보인다. 교사들의 보고에 의하면 ADHD 학생은 주의를 지속시킬 수 있는 기간의 폭이 짧고 쉽게 주의가 산만해지는 특징이 있다. 이들은 지금 진행되고 있는 과제를 잊어버리고 지시사항을 기억하지 못하며 과제를 끝마치지 않은 채 자리를 뜨는 일이 잦다. 작업기억의 성능이 안 좋기 때문에 ADHD 학생은 수업시간에 배운 내용을 처리하는 데 어려움을 겪고, 결국 부주의한 실수를 저지르는데 특히 쓰기에서 실수가 잦다. 이들은 문제풀이에서도 애를 먹는다.

ADHD 학생은 정보를 처리할 때 힘겨워한다. 긴 지시사항을 기억하고 여러 단계로 이루어진 문제에서 현재 자신이 어느 단계에 있는지 그 위치를 파악하고 멀티태스킹을 해야 하는 활동이 주어질 때 이들의 문제점이 드러난다. 이들은 긴 지시사항의 첫 부분만 기억한다거나, 여러 단계의 문제에서 자신이 어느 단계를 하고 있는지 그 위치를 놓친다거나, 해야 할 여러 활동 중 하나밖에는 완수하지 못한다.

ADHD 학생은 시공간작업기억(visual-spatial working memory)의 결함도 두드러진다. 실제로 이들에게서 시공간작업기억 문제가 광범위하게 나타나기 때문에 시공간작업기억 점수만으로도 ADHD 학생과 정상적인 학생을 구분할 수 있을 정도이다. 한 연구(Holmes et al., 2010)에서 ADHD 학생들에게 억제·전환·행동계획 같은 다양한 집행기능 검사와 작업기억 검사를 실시한 다음, 이 중에서 어떤 검사가 ADHD 학생과 또래의 일반 학생을 잘 구분해주는지 살펴보았다. 그 결과 교실에서 ADHD 학생을 파악할 수 있는 가장 정확한 검사는 시공간작업기억 검사였다. 다시 말해서, ADHD 학생인지 여부를 파악하기 위해 시공간작업기억 검사를 사용할 수 있을 만큼 시공간작업기억의 결함은 이들의 두드러진 특징이라고 할 수 있다.

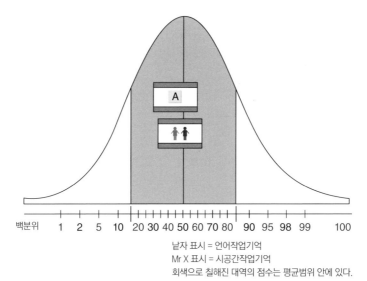

낱자 표시 = 언어작업기억
Mr X 표시 = 시공간작업기억
회색으로 칠해진 대역의 점수는 평균범위 안에 있다.

도표 6.1 ADHD의 작업기억 특성

작업기억과 주의 집중의 어려움

작업기억에 문제가 있는 학생이라고 해서 반드시 과활동적이거나 충동적인 것은 아니다. 실제로 이들의 행동은 큰 차이가 있다. 마이클을 예로 들어보자. 마이클은 기억력에 문제가 있어서 자신이 하려던 행동을 잊어버리거나 수업시간에 교재를 가져오는 걸 깜빡 잊는다. 이런 마이클의 행동에 화가 나지만 교사는 마이클이 단지 공상에 빠지는 걸 좋아해서 그런다고 생각하고 내버려둔다. 하지만 진실은 마이클이 교실에서 문제를 일으키지 않는다는 데 있다. 그는 말썽을 피우지도 않고 시끄럽게 굴지도 않는다. 심지어 다른 아이들을 방해하는 일도 없다. 오히려 정반대이다! 마이클은 언제나 조용히 앉아서 낙서를 하거나 창밖을 응시하면서 대부분의 시간을 보낸다. 과제를 하지도 않는다. 무엇을 해야 할지 잊어버렸지만 너무 부끄러워서 애들에게 도움을 요청하지도 않는다. 아니면 '굳이 애쓸 필요가 뭐 있어? 어차피 해봤자 안될 텐데'라는 생각을 하고 있는지도 모른다.

마이클 같은 학생들은 교사의 레이더 밖에 있다. 이런 아이들은 수업을 방해하지 않고 얌전히 앉아있기 때문에 교사는 이들에게 문제가 있다는 것을 인식하지 못한다. 문제가 발견되었을 때는 이미 너무 늦어서 이 아이들의 성적은 떨어지기 시작한 후이다. 이들은 수업에서 핵심 개념을 파악하지 못하고 무엇을 어떻게 해야 할지 몰랐던 것이다. 약 1,000명의 학생(55퍼센트가 남자아이들)을 대상으로 수행된 연구결과(Alloway, Elliott & Holmes, 2010)에 의하면 마이클처럼 주의력이 부족한 아이로 교사가 파악한 아이들은 교실에서 추가적인 지원이 필요했다. 이들을 도울 수 있으려면 초기의 경고신호에 주의를 기울여야 한다. 이 아이들은 단지 공상을 즐기는 아이들이 아니라, 지금 적절한 지원을 받지 못하면 학창시절 내내 어려움을 겪게 된다는 사실을 교사가 분명히 인식해야 한다.

하지만 이 아이들은 징후가 거의 없기 때문에 확인하기가 더 어렵다. 그렇다면 교사는 이런 학생들을 어떻게 찾아낼 수 있을까? 한 가지 방안은 작업기억과 관련된 행동을 측정하는 것이다. ADHD 학생은 작업기억 결함과 관련된 여러 징후들을 보이기 때문이다. 작업기억 측정 척도(2장 참조)를 사용한 연구결과(Alloway et al., 2009b)에서 ADHD 학생은 대답하려고 손을 들었지만 방금 하려던 대답을 잊어버린다거나, 여러 단계로 이루어진 문제에서 자신의 위치를 잃어버린다거나, 과제를 지속하는 데 어려움을 겪는 등 작업기억 결함과 관련된 교실행동을 하는 것으로 관찰되었다.

작업기억과 영재성

영재학생은 또래의 일반학생을 뛰어넘는 능력을 가지고 있다. 이들은 더 빨리 배우고 꼬치꼬치 캐묻고 호기심이 많고 복잡한 개념도 빠르게 이해한다. 그러나 일부 영재학생은 ADHD와 일치하는 문제행동을 보이기 때문에 ADHD로 진단을 받는 일이 자주 있다. 이것이 어떻게 가능한지 알아보기 위해 트레이시(Tracy)는 미국영재아동협회와 공동으로 ADHD 아동과 영재아동의 행동패턴을 비교했다. 영재아동은 권위에의 반항, 주의 산만, 동기 결여 같은 ADHD와 일치하는 문제행동을 보이고 있었다. 다음은 이 공동연구에서 발견한 한 소년의 사례이다.

사례연구 조셉

13세인 조셉은 말을 아주 잘했다. 많은 질문과 토론이 이어졌기 때문에 그의 검사 시간은 평소보다 더 길어졌다. 그의 어머니에 의하면 조셉은 자신이 흥미를 느끼는 주제-대부분 학교와는 관련이 없는 주제-를 연구하면서 하루의 몇 시간이고 보낸다. 이런 그의 영재성에도 불구하고 코너스 평가척도에서 나온 교사의 평가는 ADHD 학생의 행동과 일치했다. 동기 수준에 대해 묻자 조셉의 어머니는 그가 학교에 대해 부정적이고 아무 관심이 없다고 말했다.

조셉처럼 영재임에도 불구하고 ADHD로 진단받는 아동들이 있다. 지적인 면에서는 영재이지만 행동 때문에 ADHD와 같은 학습장애로 공식 진단을 받는 아동을 '양측 예외(twice-exceptional)' 사례라고 부른다. 영재학생이 문제행동을 보인다는 것에 모든 연구자가 동의하지는 않는다. 이들은 머리 좋은 학생의 욕구를 교육과정이 충족시켜주지 못하기 때문이라고 주장한다.

우리가 수행한 몇몇 연구(Alloway & Elsworth, 2012; Alloway et al., 2014)에서 발견한 바에 의하면 영재학생은 ADHD 학생과 비슷한 적대적 행동과 과잉행동을 보였다. 흥미롭게도 이들 두 집단의 IQ점수는 매우 비슷했지만 학업성적은 큰 차이를 보였다. 왜 그럴까? 작업기억 점수를 자세히 살펴봤더니 작업기억 특성에서 차이가 발견되었다. 이미 예상했겠지만, 영재학생은 작업기억이 뛰어났고 바로 이점 때문에 학업성적이 평균 이상이었던 것이다. 이와는 대조적으로 ADHD 학생은 작업기억이 안 좋았고 이점으로 인해 학업성취도가 낮았다.

영재학생의 문제행동 패턴이 작업기억 수행과 학업성취도에 부정적인 영향을 끼치지 않는 것은 흥미롭다. 영재학생의 적대행동과 과잉행동은 ADHD 학생과는 다른 좌절에서 일어나는 것일 수 있다. 환경자극의 감소에 의한 인지적 자극의 결핍이 발생하자, 영재학생은 그 결핍을 보상하기 위해 자기자극(실험동물 등이 스스로 조작하여 자기에게 자극을 주는 행동-옮긴이)의 수단으로 과잉행동을 증가시킨다. 즉, 영재학생에게 주어지는 인지적 요구가 이들의 능력에 못 미치기 때문에 이들이 지루함을 느끼고 잘못된 행동을 한다는 것이다.

영재학생은 자신처럼 똑똑한 학생들의 욕구를 충족시킬 정도로 교육과정이 준비되어 있지 않아서 자신이 적절한 수준의 교육을 제공받지 못한다는 데 불만의 핵심이 있다. 또한 영재학생은 기술을 숙달하는 데 반복이 필요 없기 때문에 정규 교육과정을 전부 받을 필요가 없다. 이를테면, 정규 교육과정의 40퍼센트 정도만 교육받은 영재학생의 성취수준이 전체 교육과정을 모두 마친 일반학생의 성취수준과 동등하고 심지어 더 높기까지 하다(Reiss et al., 1993). 교실에서 성적은 좋은데 행동이 잘못된 학생에게 필요한 것은 타임아웃(아이가 하던 일을 멈추고 혼자서 반성하며 벌서는 시간-옮긴이)이 아니다. 이들의 행동을 향상시키려면 추가적인 자극이 제공되어야 한다.

작업기억과 성인 ADHD

ADHD는 오래 지속되는 결함이고 나이가 든다고 나아지는 것이 아니다. 어떤 학부모가 다음과 같은 이야기를 들려주었다.

말하자면 제 아이 브라이언은 선생님의 연구에 딱 맞는 전형적인 아이라고 할 수 있어요. 아이는 현재 17세로 ADHD인데 수업내용을 배우고 기억하는 능력이 부족해요. 선생님의 연구에서 언급된 것과 정말 똑같아요. 아이는 책을 읽을 수도 없고 정보를 기억할 수도 없어서 자신이 멍청하다고 생각해요. 숙제를 해가는 데는 문제가 없지만 학년말 성적은 참담할 정도로 나빠요. 대부분의 과목에서 배운 내용을 거의 기억하지 못해요.

ADHD는 대학교 학점뿐만 아니라 미래의 직업에도 영향을 끼친다. 연구에 따르면 ADHD 성인은 직장에서 자주 어려움을 겪고 취업기간도 더 짧으며 절도와 경범죄를 비롯한 반사회적 행동을 더 많이 저지른다(Alloway et al., 2013). 이런 부정적인 결과가 발생하는 이유는 어쩌면 이들의 작업기억 결함이 내내 계속되기 때문일는지도 모른다. 이들은 관련없는 생각이나 충동적인 행동을 통제하지 못하기 때문에 여기에 작업기억을 할당하게 되어, 결국 부적절한 행동에 굴복당하고 업무에 집중할 수 없게 되는 것이다.

어떻게 작업기억을 지원할 것인가

여기서는 다음 두 가지 유형의 전략에 대해 논의한다. 일반적인 학습 욕구를 가진 학생들에게 적용할 수 있는 일반 작업기억 전략과 ADHD 학생들을 위한 특수 작업기억 전략이 그것이다. 아래의 일반 전략은 행동문제가 있는 학생들에게 맞춘 것이지만 여타 학생들에게도 적합하게 수정하여 사용할 수 있다.

일반 전략

작업기억 부하 줄이기 위해 지시문 단축하기. 1장에서 우리는 각 연령집단의 평균 작업기억 용량에 대해 배웠다. ADHD 학생과 함께 일을 할 때면 항상 이것을 명심하라. 이들의 작업기억 부하를 감소시키기 위해 해당 연령집단의 평균 작업기억 용량보다 한두 항목 더 적게 정보를 제시해야 한다.

- 8세 이하의 ADHD 학생에게는 1-2개의 항목을 제시한다.
- 8세에서 10세 사이의 ADHD 학생에게는 2-3개의 항목을 제시한다.
- 11세에서 13세 사이의 ADHD 학생에게는 3-4개의 항목을 제시한다.

작업기억 부하 줄이기 위해 공부시간과 활동 단축하기. 활동 중간에 휴식시간을 제공하면 ADHD 학생은 활동을 계속하기가 더 쉽다. 이들은 장시간 노력을 기울이는 것보다 5-10분 집중적인 노력을 하는 게 더 낫다. 학급의 다른 학생들이 읽기를 20분 동안 한다면 ADHD 학생에게는 8분 읽고 나서 3분 쉬고 다시 읽게 하는 게 좋다.

심리학자들은 인간의 기억 방식이 'U'자형을 닮았다고 주장한다. 목록의 시작 부분에 있는 항목들을 더 잘 기억하는 경향이 있는데 이 부분을 더 자주 반복하기 때문이라는 것이다. 목록의 중간에 있는 항목들('U'에서 가운데 깊은 곳)은 종종 망각된다. 우리 대부분에게도 목록의 중간 부분에 있는 정보를 기억하는 게 어렵지만, ADHD 학생은 이것을 특히 더 어려워한다. ADHD 학생이 정보를 망각하는 이유는 과제에 주의를 집중하면서 동시에 교사가 제시하는 정보를 처리하는 데 작업기억을 사용하지 못하기 때문이다.

작업기억 활성화 위해 시차를 두고 정보 반복하기. 정보를 암송하면 기억이 좋아진다. 하지만 정보를 암송하는 방식이 중요하다. 한 번에 집중적으로 하는 것보다는 '시차를 두고' 암송하는 것이 훨씬 효과적이다. 시험공부를 하는 학생이 학습한 내용에 대한 기억을 강화하는 방법 중의 하나는 주기적인 테스트이다. 돌발적인 쪽지시험은 아주 좋은 방법이다. 연구에 의하면 학생이 혼자서 내용을 다시 학습하는 것보다는 설령 피드백이 없더라도 불시의 쪽지시험이 정보를 더 잘 기억하게 해 준다고 한다. 배운 내용에 대해 생각하게 하는 것도 깊이 있는 정보처리와 수업에의 참여도를 높일 수 있는 방법이다.

특수 전략

시각 타이머 사용하기. ADHD 학생은 시간 준수와 스케줄 관리에 어려움을 겪으므로 눈으로 보면서 도움을 받을 수 있는 구체적인 장치를 제공하면 효과적이다.

시차를 두고 자주 보상하기. 만일 당신이 ADHD 학생에게 보상으로 토큰 시스템을 사용한다면 보상은 시차를 두고 자주 제공하라. 이런 학생들은 '만족지연(delayed gratification)'에 어려움을 겪기 때문에 나중에 더 큰 보상을 받기보다는 현재의 작은 보상을 더 선호한다.

환경을 부호화하기. 작업기억에 도움이 되는 환경 단서(특정 환경에 있을 때 존재했던 신호들-옮긴이)를 사용하도록 가르쳐라. 먼저, 지금 기억하려고 애쓰고 있는 정보를 배웠던 당시에 그들 자신이 어디에 있었는지 그 환경에 대해 생각하게 한다. 어떤 의자에 앉아 있었는가? 좋아하는 셔츠를 입고 있었는가? 어떤 노래를 들었는가? 시간은 몇 시였나? 이와 같은 물리적인 환경 단서는 작업기억을 활성화하고, 수업활동이 힘들어도 포기하지 않게 해준다.

작업기억 활성화 위해 신체 움직이기. 연구에 의하면 학습과 신체활동을 연결하면 정보를 더 쉽게 기억한다고 한다. 이와 동일한 전략을 사용해서 ADHD 학생이 정보를 기억하기 쉽게 만들어라. 가령, 이집트인의 피라미드 건설방식을 배우는 수업이라면 무거운 바위를 언덕으로 끌고 올라간 사실을 기억하기 위해 학생들에게 끄는 동작을 하도록 하고, 바위를 특정 위치에 끼워 넣은 사실을 기억하기 위해서는 미는 동작을 하게 한다.

외현 행동으로 표현할 수 있는 학습이 그렇게 많은 것은 아니어서 학습내용과 학생의 동작이 항상 일치할 수는 없다. 외현 행동으로 표현하기 어려운 학습내용의 경우에는 수업을 시작하면서 학생에게 점프를 하게 하거나 팔짱을 끼거나 다리를 꼬는 행동을 하게 한다. 이때 교사는 학생이 기억해야 할 정보와 이 동작을 연결할 수 있도록 도와줘야 한다. 나중에 학생이 정보를 기억해내야 할 때 작업기억이 활성화될 수 있도록 교사는 학생에게 이 동작을 하게 한다.

뇌의 신경망 변화시키기

바이오피드백(biofeedback)이라고도 불리는 뉴로피드백(neurofeedback)은 뇌파검사(electroencephalography, EEG)를 사용하여 뇌의 작동방식을 실시간으로 알려준다. 뉴로피드백의 목적은 ADHD 학생에게서 베타파(베타파가 증가하면 주의력이 좋아진다)의 생성을 늘리고 세타파(백일몽과 관련이 있다)를 억제할 수 있도록 돕는 것이다. 일반적으로 ADHD 학생의 뇌는 주의과제를 수행할 때 베타파가 아니라 세타파가 증가된다. 뉴로피드백은 이들의 뇌에서 베타파를 증가시키고 세타파 생성을 억제할 수 있게 훈련하는 기법이다. 즉, ADHD 학생이 뇌파패턴의 피드백을 제공받고 뇌파를 조정하는 법을 배우고 나면 인지능력과 집중력이 향상된다.

뉴로피드백은 뇌전증(epilepsy) 환자에게서도 좋은 성과를 얻고 있다. 하지만 ADHD와 관련된 연구결과에는 몇 가지 문제점이 있다. 첫째, 일부 연구에서 긍정적인 효과를 발견한 것은 사실이지만 이 연구들은 표본의 크기가 작고 통제집단이 부재하고 실험자가 환자의 처치조건에 대해 알고 있었다는 이유 등으로 신뢰하기 어렵다는 평가를 받고 있다. 심지어 ADHD 진단을 받지 않은 사람들이 연구에 포함되었다는 비판도 제기되었다. 더욱이 환자의 50퍼센트에게서만 효과가 있는 것으로 보이고, 유감스럽게도 아동이 효과를 보려면 여러 번의 치료를 받아야 한다. 마지막으로, 아동의 뇌파패턴을 조작하면 어떤 해로운 효과가 있는지에 대해서도 아직 밝혀진 바가 없다. ADHD 아동을 위한 약물치료의 대안으로 뉴로피드백이 사용되고 있긴 하지만, 이 치료의 효과성을 입증하기 위해서는 더 많은 연구가 필요하다.

사례연구 스테판 - 통합 ADHD 특성

DSM-5와 관련된 스테판의 행동은 다음과 같다.

- 직접적으로 말할 때 잘 듣지 않는다
- 일상활동에서 잊어버리는 일이 자주 있다
- 상황에 맞지 않는 행동을 자주 한다
- 질문이 끝나기 전에 답을 불쑥 내뱉는 일이 잦다
- 대화 중 끼어들거나 다른 사람을 방해하곤 한다

스테판은 10세로 학교에서 끊임없이 문제를 일으킨다. 그는 대부분 수업시간에 생각에 깊이 빠져 있곤 한다. 언젠가는 교실에 있는 장난감 상자에서 자동차를 몰래 꺼내가는 것이 눈에 띈 적이 있다. 그는 자동차를 무릎 위에 놓고 굴린다든지 책상 위에서 굴리면서 수업시간에 혼자서 놀고 있다. 질문하려고 이름을 부르면 질문이 채 끝나기도 전에 대답한다. 과제를 내주면 스테판은 자신이 무엇을 해야 할지 잊어버리고, 지시사항을 다시 설명해줘도 주의를 기울이지 않는다.

또 다른 문제는 스테판의 사회적 관계이다. 쉬는 시간에 그는 자신의 차례를 기다리지 않아서 다른 아이들을 화나게 한다. 그만하라는 교사의 말을 무시하고 운동장에서는 나무에 오르고 뛰어다니거나 다른 학생들의 활동에 끼어들어 방해한다.

가령, 술래잡기 놀이를 할 때 술래가 찾기도 전에 아이들을 찾아내서 놀이를 방해하는 식이다. 이러한 행동 때문에 스테판은 아이들과 싸우는 일이 종종 있고 교우관계도 원만하지 않다.

전략

작업기억이 과부하에 걸리지 않도록 방해자극 최소화하기

나는 스테판이 집중하는 데 방해를 적게 받도록 교실의 맨 앞자리로 책상을 옮겨주었다. 또한 지시를 할 때는 그와 시선을 마주치면서 했다. 이것은 스테판의 작업기억이 충동적 행동을 억제하기 위해 추가로 애쓸 필요가 없다는 것을 의미했다.

작업기억 부하 줄이기 위해 활동 단축하기

스테판은 수업시간에 주의 깊게 듣는 것에도 문제가 있었기 때문에 나는 질문을 더 짤막하게 줄였다. 스테판이 질문을 가로막지 않으면 칭찬해줬고, 내 말을 가로막거나 틀린 답을 하면 그가 정답을 말할 수 있을 때까지 질문을 고쳐서 다시 물었다.

작업기억의 정보처리과정 줄이기 위해 정보 잘게 쪼개기

나는 스테판에게 다음과 같은 간단한 질문도 했다. '바구니에 3개의 사과가 있는데 네가 2개를 먹으면 몇 개의 사과가 남을까?' 그런 다음 질문의 각 단계를 하나씩 설명해주자 그는 문제를 이해할 수 있게 되었다. 이러한 상세한 설명은 다른 학생들이 정보를 기억하는 데에도 도움이 되었기 때문에 학급 전체에도 이득이었다.

작업기억 활성화 위해 정보 반복하기

나는 스테판에게 질문이 무엇이었는지 다시 말해달라고 요청했다. 이것은 그가 정보를 말로 표현하고 이해할 수 있게 해주었을 뿐만 아니라 주의를 기울이고 있는지를 확인할 수 있게 해주었다.

작업기억 부하 줄이기 위해 공부시간 단축하기

스테판이 수업시간에 딴짓하지 않고 집중할 수 있도록 교실활동 중에 휴식시간을 자주 갖게 했고, 넘치는 에너지를 방출할 수 있게 자리에서 일어나 스트레칭을 하게 했다. 그러자 자꾸 몸을 비틀고 꼼지락거리던 행동이 줄었고 휴식시간 후에는 과제에 더 잘 집중할 수 있게 되었다.

간간이 보상하기

쉬는 시간에도 간단한 활동을 실시했다. 스테판에게 다른 학생들과 함께 하는 짧은 놀이활동에 참여하게 한 것이다. 만일 스테판이 계속 팀에 머물러 있으면, 학급 전체에 추가 놀이시간을 간간이 허락했다. 하지만 그가 팀에서 벗어나서 혼자 놀고 있으면, 쉬는 시간이 끝날 때까지 스테판은 내 옆에 서있어야 했다.

시간이 흐르면서 그는 충동을 통제할 수 있게 되었고 매일 함께 노는 아이들과 친구가 될 수 있었다. 인내를 갖고 지속적으로 북돋우며 강화해줬더니 스테판의 행동에 극적인 향상이 있었고, 학년이 끝날 때쯤에는 성격도 차분해지고 성적도 좋아졌다.

사례연구 수전- 과잉행동

DSM-5와 관련된 수전의 행동은 다음과 같다.

- 잠시도 가만히 있지 못하고 손이나 발을 계속 꼼지락거리고 몸을 꿈틀댄다
- 가만히 앉아있어야 하는 상황에서 자리를 뜬다
- 말이 지나치게 많다
- 자신의 차례를 기다리지 못한다
- 조용히 놀이를 하거나 여가활동에 참여하지 못한다
- 마치 모터가 달린 것처럼 끊임없이 움직인다

수전은 14세로 학교에서 여러 문제행동을 보인다. 그녀는 타임아웃 벌을 받거나 교장실에 불려가는 일이 흔하다. 처음 수전을 보았을 때 나는 그녀가 인기없다는 사실에 놀랐다. 왜냐하면 사회성이 좋은 아이들에게서 보이는 특징이 많이 보였기 때문이다. 그녀는 신이 나서 큰 소리로 대화하는 외향적인 학생이었다. 읽기수업

에서 학생들은 혼자서 30분 동안 책을 읽어야 한다. 학생들은 소파나 의자 또는 카펫 위 어디든 상관없이 장소를 선택하고 30분 동안 조용히 책을 읽는다. 그러나 수전은 한 곳에 계속해서 머물러 있지를 못했다. 가령, 처음에는 의자에 앉았다가 금방 소파로 가서 앉고는 또 다시 카펫 위로 가는 식이었다. 한 장소에 10분 정도 머물 때에도 항상 다리를 흔들고 마치 어디가 불편하다는 듯이 자리에서 계속 움직였다. 그녀의 이런 행동은 주변 학생들을 방해했다.

읽기시간에 학생들은 각자 배정받은 텍스트를 소리 내어 읽도록 되어있다. 하지만 수전은 자기 차례가 아닌데도 읽는다거나 어디를 읽어야 할지 몰라 자신이 읽을 곳을 놓치곤 했다. 오디오북을 듣는 동안에도 계속해서 옆자리 아이에게 말을 걸었기 때문에 그녀는 오디오북이 끝날 때까지 교실 밖으로 나가있어야 했다. 결과적으로는 책의 내용을 모르게 되어 그녀는 독후감을 쓸 수 없었다.

수전은 읽기수업이 진행되는 50분 동안 여러 차례 화장실에 다녀왔는데, 그녀가 화장실에 가지 않고 교실 밖에 앉아있는 것이 여러 번 눈에 띄었다. 이러한 문제행동 때문에 그녀의 성적, 특히 읽기성적은 매우 낮았다.

전략

작업기억 부하 줄이기 위해 활동 단축하기

나는 수전이 읽어야 할 페이지의 수를 줄이는 것부터 시작했다. 그녀가 배정받은 페이지를 모두 읽으면 그때마다 보상으로 스티커를 주었다.

작업기억이 과부하에 걸리지 않도록 방해자극 최소화하기

읽기시간에는 수전이 앉을 수 있는 장소의 수를 제한했다. 예를 들어, 처음 몇 주 동안은 읽는 장소를 세 번까지 옮길 수 있도록 허락했다. 하지만 그 후로 횟수를 점차 줄여서 마지막에는 장소를 아예 옮기지 못하게 했다. 이 전략은 수전이 책을 읽는 동안 편안한 마음으로 한 장소에 머물 수 있게 해주었다.

자주 보상하기

내가 요구한 것보다 더 많이 읽으면 수전에게 특별점수를 부여했다. 이 특별점수는 성적이 나쁜 수전에게 훌륭한 동기 요인이 되어 그녀가 한 자리에 가만히 앉아서 책을 읽게 해주었다.

작업기억 부하 줄이기 위해 활동 단축하기

오디오북을 들려줄 때 나는 10분마다 멈추고 지금까지 들은 내용에 대해 수전과 토론했다. 그녀는 옆자리의 다른 학생에게 말을 걸지 않고 과제에 집중할 수 있게 되었다.

작업기억에 도움이 되는 시각적 도구 사용하기

학생 각자 책의 어느 부분을 읽어야 할지 알 수 있도록 각각의 이름을 칠판에 적어 놓았다. 그러자 수전은 뒤처지지 않고 수업을 따라올 수 있었고, 차례를 알려주지 않아도 자기 차례가 되었을 때 읽기를 시작할 수 있었다.

복잡한 활동에서 자신의 위치 파악하기

수전에게는 다른 학생이 책을 읽을 때 뭉툭한 연필로 문장을 짚어가며 따라갈 수 있게 해주었다. 이렇게 하자 수전은 자신이 읽어야 할 부분을 찾는 데 작업기억을 사용하지 않고 텍스트를 이해하는 데 사용할 수 있게 되었다.

작업기억이 과부하에 걸리지 않도록 방해자극 최소화하기

수전이 교실 밖에 있지 않고 계속 교실 안에 있도록 수업시간에 화장실 가는 걸 딱 한 번으로 제한했다. 또한 수전이 화장실에 갔다가 곧바로 교실로 돌아올 수 있도록 짝을 지어 움직이는 버디시스템도 도입했다. 몇 달이 지나자 수전은 책을 잘 따라가며 읽을 수 있게 되었고 읽기시간에 혼자서도 읽을 수 있게 되었으며 읽기를 기반으로 한 과제들도 잘 수행하게 되었다.

사례연구 데이비드 - 주의를 집중하지 못하는 행동

DSM-5와 관련된 데이비드의 행동은 다음과 같다.

- 학업이나 일 혹은 그 밖의 다른 활동에서 부주의한 실수를 하거나 세부사항에 세심한 주의를 기울이지 못하는 일이 잦다
- 과제나 활동을 하면서 집중을 유지하는 데 어려움을 겪곤 한다
- 지시사항을 따르지 않고, 학업이나 허드렛일 혹은 일터에서의 임무를 완수하지 못한다(예컨대, 주의 초점을 잃는다거나 옆길로 샌다)
- 장시간에 걸쳐 노력하며 머리를 써야하는 과제(예컨대, 학업이나 숙제)를 피하거나 싫어하거나 꺼려한다
- 주의가 쉽게 산만해진다
- 일상활동에서 자주 깜박깜박한다

대부분의 11세 남자아이라면 교실에서 수업을 따라갈 정도로는 주의를 집중할 수 있다. 그러나 데이비드는 일반적인 아이가 아니다. 체육을 제외한 모든 과목의 성적이 형편없이 낮다. 그는 지시사항을 따라하지 못하고 과제를 끝마치는 것도 힘들어한다. 매일 아침 우리는 새로운 내용을 학습하기 전에 전날 배운 내용을 복습하는데, 이때 학생들은 사물함에서 공책을 꺼내 전날 배운 내용에 대한 에세이를 쓴다. 데이비드는 책상에 앉기 전에 노트가 필요하다는 것도 기억하지 못하는 것 같았다. 사물함에 공책을 두고 다니라고 말했는데도 데이비드는 번번이 공책을 집에 두고 오곤 했다. 데이비드가 공책을 가지러 사물함에 다시 갔다 오는 동안 학급의 다른 아이들은 쓰기를 시작하지 못하고 앉아있어야 했다.

데이비드는 심지어 과제를 끝마치지 않는 경우도 잦았고 이것 때문에 나는 그와 입씨름하곤 했다. 일례로 수업내용과 관련된 수학과제를 내줬을 때, 데이비드는 내가 수업을 하는 동안 책상 위에 연필을 굴리고 만지작거리면서도 나를 쳐다보지 않았다. 이렇게 수업에 주의를 기울이지 않았기 때문에 그는 복습용 연습문제가 주어졌을 때 어떻게 풀어야 할지 전혀 몰랐다.

데이비드는 문제를 풀지 않고 낙서만 하는 경우가 많았다. 가끔 학생들은 여러 장의 연습문제를 풀어야 할 때가 있다. 한 장의 문제를 모두 풀어야 다음 장으로 넘어갈 수 있는데, 데이비드는 한 장에서 겨우 한 문제 정도밖에는 풀지 못했다. 나머지는 온통 낙서로 채워져 있곤 했다.

데이비드는 지시사항도 따라하지 못했다. 나는 그가 정확한 단계에 따라 수학문제를 풀고 있는지 확인하기 위해 문제의 풀이과정을 써서 보여줄 것을 요구했다. 데이비드는 정답을 절반밖에 쓰지 못했지만, 풀이과정을 쓰지 않았기 때문에 오류를 수정해줄 수도 없었다.

전략

작업기억에 도움이 되는 시각적 도구 사용하기

수업시간에 데이비드의 주의를 끌기 위해 화이트보드 위에 그림이 있는 발표자료를 사용했고 때로는 비디오를 보여주기도 했다.

작업기억이 과부하에 걸리지 않도록 방해자극 최소화하기

교실 앞에 있는 그림이나 표지판과 같은 게시물을 모두 제거하여 내가 제시하는 자극이 유일한 정보가 되게 했다. 이것은 데이비드가 주의 집중을 더 잘하게 만드는 긍정적인 효과를 유발했다.

복잡한 활동에서 자신의 위치 파악하기

데이비드의 연필장난을 막기 위해 수업내용과 관련된 빈칸채우기 문제지를 나눠줬다. 가령, '하나의 점은 공간에서 단 하나의 정확한 지점이다'라고 쓰인 슬라이드와 '하나의 점은 _____'라고 쓰인 평가지를 함께 제시하면 빈칸을 채우는 식이다. 이런 능동적인 활동을 통해 데이비드는 수업을 잘 따라갈 수 있었고 정보를 더 잘 습득할 수 있었다.

작업기억의 정보처리과정 줄이기 위해 설명 잘게 쪼개기

데이비드가 수학문제를 푸는 동안 나는 옆에 앉아서 문제를 작은 단위로 쪼갰다. 예컨대, 직각삼각형의 빗변의 길이를 구하는 문제라면 시각화할 수 있도록 종이에

삼각형을 그려줬다. 변 A=5, 변 B=10, 변 C는 얼마인가? 우리는 이 문제를 단계별로 풀어나갔고 결국 데이비드는 정답을 알아낼 수 있었다.

작업기억 부하 줄이기 위해 활동 단축하기

나는 데이비드에게 한 번에 문제지 한 장씩만 풀도록 했다. 그가 한 장을 다 풀면 다음 장을 내주었다. 문제지를 모두 끝마치지 못하면 숙제로 해오게 했고 점수도 깎았다. 몇 주가 지나자 그는 과제에 집중하게 되었고 수업시간에 문제지를 모두 끝내서 감점도 당하지 않았다.

주

1 교사용 체크리스트인 코너스 교사용 평가척도(Conners' Teacher Rating Scale, CTRS)의 사용을 두고 한 가지 염려스러운 부분이 후광효과(halo effect)이다. 어떤 행동은 다른 행동에 비해 교사의 평가에 의해 영향을 더 많이 받는다. 가령, 문제행동 중에서 교사에게 반항하는 행동은 아동에게 주의력 문제가 없음에도 불구하고 과활동적이고 주의 집중을 할 수 없는 아이라는 평가를 받을 가능성이 높다. 하지만 수많은 연구(예컨대, Alloway, Elliot & Holmes, 2010)는 교사평가와 표준화된 인지검사 사이의 높은 일치도를 보여주고 있다.

SUMMARY

1 핵심 결핍
ADHD 학생은 자신의 행동을 억제하는 데 어려움을 겪고, 이것은 학교에서 정서와 행동을 통제하는 데 문제점으로 나타난다.

2 작업기억 특성
ADHD 학생은 언어작업기억과 시공간작업기억 둘 다에서 결함이 나타나지만, 가장 많은 영향을 받는 것은 '시공간작업기억'이다.

3 전략
ADHD 학생에게는 지시사항과 활동을 더 짧게 제시하는 게 도움이 되며, 이렇게 하면 교실활동에서 작업기억의 정보처리과정을 줄일 수 있다.

7

자폐
스펙트럼장애

UNDERSTANDING
WORKING MEMORY

>> 자폐스펙트럼장애란 무엇인가?

>> 자폐스펙트럼장애와 관련 있는 뇌 영역은 어디인가?

>> 왜 작업기억이 자폐스펙트럼장애와 관련 있는 것일까?

>> 자폐스펙트럼장애 학생의 작업기억 결함을 어떻게 지원할 수 있을까?

'그렇지만 공룡은 이미 오래 전에 죽었어요.' 열두 살 마크는 이 말을 1분에 세 번이나 했다. 학생들은 백악기(Cretaceous period)로 시간여행을 떠난 소년이 무엇을 보게 될지에 대해 토론 중이었다. 하지만 마크는 인간이 살아있는 공룡을 본다는 것을 상상할 수 없었다. 새로운 정보든 친숙한 정보든 과학교사인 킴이 창의적인 방식으로 제시하여 자극을 주면 마크는 그런 정보의 내용을 받아들이기 힘들어했고 거기에 동의하지 않곤 했다. 반 아이들은 이런 마크의 행동에 대처하느라 어려움을 겪었는데, 함께 태양계를 그리는 과제처럼 집단프로젝트를 할 때 특히 더했다. 다른 학생들이 지구 그리기를 끝내고 화성을 그리려고 할 때, 마크는 지구그림에서 남아메리카 대륙이 너무 작게 그려졌다고 투덜대기 시작했다.

사회성에도 문제가 있었다. 마크는 운동장에서의 행동과 교실에서의 행동이 달라야 한다는 것을 몰라서 장소에 맞게 행동을 전환하지 못했다. 예를 들면, 그네를 타고 있는 친구에게 손을 들어 부르고는 친구가 알아차리지 못한다고 화를 냈다. 반대로 교실에서 질문을 할 때는 마치 교실 밖인 것처럼 큰 소리로 말했다. 다양한 맥락에 적절하게 적용할 수 있으려면 유연한 사고가 필요한데 마크는 그러지 못했고, 이런 문제는 학습에서도 똑같이 나타났다. 그는 불변의 절대적인 규칙이 적용되는 수학(예컨대, 36의 제곱은 1296)은 잘했지만, 추상적이고 내용을 정확히 파악하기 어려운 내용으로 이루어진 문학은 매우 어려워했다.

자폐스펙트럼장애란 무엇인가

자폐증(Autism)은 사회적 · 정서적 신호를 감지하고 이에 적절히 반응하는 데 어려움을 느끼며 사회적 상호작용에서 문제를 일으키는 특징이 있다. 정상적으로 일상생활을 할 수 있고 또래와 다르지 않은 성인으로 성장하는 자폐아가 있는가 하면 쇼핑처럼 간단한 활동조차도 도움을 필요로 하는 자폐아가 있기 때문에, 자폐를 자폐스펙트럼장애(Autistic Spectrum Disorder, 이하 ASD)라고도 한다.

마음이론

마음이론(theory of mind)은 자신과 타인의 정신적·정서적 마음상태를 해석하고 모든 사람은 자기만의 고유한 동기와 관점이 있다는 점을 자각하고 이해하는 능력이다. 자폐증 환자는 대부분 마음이론이 잘 발달되어 있지 않다. 심리학자들은 샐리-앤 과제(Sally-Anne task)를 사용하여 마음이론을 측정한다.

어린 아이를 대상으로 샐리-앤 과제를 시험해 볼 수 있다. 두 개의 인형을 준비하고 각각 '샐리'와 '앤'으로 부른다. 샐리가 바구니 안에 구슬을 집어넣고 방을 나가는 것을 아이에게 보여준다. 앤이 샐리를 놀려주려고 바구니에서 구슬을 꺼내 상자 안에 넣었다고 아이에게 말한다. 이제 샐리가 다시 방으로 돌아와서 어디에서 구슬을 찾을 것 같은지 아이에게 물어본다.

아이가 다른 사람의 관점을 알아채는지 여부는 아이의 반응을 통해 알 수 있다. 만일 샐리가 상자가 아니라 바구니에서 구슬을 찾을 것이라고 말한다면 아이는 샐리의 관점을 제대로 파악하고 있는 것이다.

이들의 반응은 연령에 따라 다르다. 대부분 4세 이하의 아동은 샐리가 상자 안을 들여다볼 것이라고 말한다. 5세가 되면 대개 샐리의 관점을 이해하고 이 시험을 통과한다. 하지만 자폐 아동은 십대가 되어서도 이 과제를 통과하지 못한다.

자폐증은 사회성뿐만 아니라 인지능력의 결함도 동반하기 때문에 아주 간단한 교실활동도 자폐 학생에게는 큰 어려움이 될 수 있다. 하지만 이들은 다른 많은 과제에서는 어려움을 겪으면서도 특정 과제에서는 뛰어난 능력을 보일 때도 있다. 마크와 같은 아동은 평균적인 지능이라서 평균 수준의 학업성취도를 보일 것으로 기대되지만 자폐 때문에 그러기가 쉽지 않다. 자폐 학생은 고기능(high-functioning, 수행수준이 높은-옮긴이)에서 저기능(low-functioning, 수행수준이 낮은-옮긴이)에 이르는 스펙트럼 상에서 확인된다. 스펙트럼에서 개인의 위치가 어디쯤에 속하는지를 결정할 때 IQ가 중요한 역할을 한다. 고기능 학생은 IQ점수가 높은 반면(70이상의 IQ점수), 저기능 학생의 IQ는 심각한 지적 장애를 가진 학생과 동일한 수준으로 낮다(70이하의 IQ점수). 그러나 IQ가 전부를 말해주지는 않는다. 이 장에서는 IQ와 학업성적 사이의 격차를 설명하는 데 필요한 '작업기억'이라는 중요한 단서를 살펴보고자 한다.

교실에서 가장 눈에 띄는 특성은 소통장애이다. 저기능 자폐스펙트럼장애(ASD) 중 소수는 언어를 사용하여 자신의 욕구를 표현하지 못한다. 이런 학생들 대부분은 좌절감을 행동으로 표출한다. 가령, 집단 과제가 싫은 것을 말로 표현하지 못하기 때문에 이들은 책과 연필을 바닥에 집어 던진다. 다른 특성으로는 반향어의 사용을 들 수 있다. 이들은 수업과 관련 없는 맥락에서 들었던 말을 질문에 대답할 때나 자신의 감정을 표현할 때 반복적으로 사용한다. 영국자폐협회(National Autistic Society)의 앨리스는 한 소년이 자신이 화가 났다는 것을 표현하기 위해 〈꼬마기관차 토마스와 친구들(Thomas the Tank Engine)〉에 나오는 다음 구절을 사용하곤 했다고 보고했다. '토마스는 재수가 없었어요. 헨리가 쫓아오고 있었거든요.' 이들은 집에서 들은 말을 수업시간에 사용하기도 한다. 예를 들어, 과학시간에 자기가 좋아하는 만화속의 장면을 설명한다. 관련 없는 정보인데도 이들은 적합한 단어를 찾으려고 애쓴다.

언어를 문자 그대로 이해하는 것은 고기능 자폐스펙트럼장애 학생에 게서도 보이는 특징이다. '복도에서 뛰지 말라'는 말을 들으면 자폐스펙트럼장애 학생은 천천히 걷는 대신에 걸음을 아예 멈춰버린다. 자폐스펙트럼장애 학생은 사회성이 결여되어 있다. 이들은 명확한 규칙이 있어야 제대로 행동할 수 있고, 유연성이 부족하여 규칙에서 어긋나는 경우를 이해하지 못한다. 예를 들면, 개인적인 공간개념은 상황에 따라 변할 수 있으므로 혼잡한 버스에서는 다른 사람 곁에 바짝 붙어도 되지만 텅 빈 버스에서는 그러지 말아야 한다는 것을 이해하지 못한다. 영국자폐협회의 앨리스는 자폐스펙트럼장애 아동의 사회성 장애를 자동차가 달리다가 도로 위에 쓰러진 나무를 만난 것에 비유했다. 정상적인 아동은 나무를 우회해서 목적지에 도달할 수 있는 사륜구동 자동차와 같다. 하지만 자폐스펙트럼장애 아동은 나무를 우회하지 못해서 꼼짝없이 발이 묶인 소형 자동차라는 것이다. 이들이 목적지로 가기 위해서는 나무를 치워주러 올 사람을 기다려야만 한다. 학교는 마치 길 위에 수많은 나무가 쓰러져 있는 도로와도 같다. 즉, 학교는 사회적 만남이 일어나는 곳이고 암묵적이고 창의적인 반응을 요구한다. 유감스럽게도 자폐스펙트럼장애 학생에게는 이런 환경에 대처할 수 있는 사회적 기술이 없다.

DSM과 진단

자폐스펙트럼장애는 다음과 같은 결함을 포함한다.

- 사회적-정서적 상호작용의 결함(예컨대, 대화를 주도하지 못하고 관심을 공유하지 못한다)
- 사회적 상호작용을 위해 사용되는 비언어적 의사소통 행동의 결함(예컨대, 눈 마주침의 결여, 신체기형)
- 관계를 발달시키고 유지하고 이해하는 데 있어서의 결함

자폐스펙트럼장애 아동은 행동·관심·활동에서 제한적이고 반복적인 패턴을 보인다(예컨대, 장난감 줄 세우기, 물건 떨어뜨리기, 융통성 없이 규칙 고수하기, 특정 소리나 촉감에 이상하게 반응하기). DSM-5에서 아스퍼거 증후군(Asperger's syndrome, 자폐증과 비슷한 증상을 보이는 발달장애-편집자)은 자폐스펙트럼장애 진단에 통합되었다.

자폐스펙트럼장애는 이르면 2-3세에 다양한 의료전문가에 의해 확실한 진단이 가능하다. 소아과의사는 부모를 대상으로 진단용 면담이나 반구조화된 면담(질문할 문항은 준비되어 있지만 내담자의 반응에 따라 융통성을 발휘해서 질문하도록 설계된 면담-편집자)을 진행한다. 또한 운동기능, 손-눈 협응, 가상놀이, 사회성 기술 같은 중요한 발달적 특징이 나타나고 있는지도 검사한다. 언어치료사는 또래에 비해 언어능력이 떨어지는지 여부를 확인한다. 흔히 사용되는 진단도구로는 아동의 소통능력, 사회적 상호작용능력, 놀이능력을 평가하는 자폐증 진단관찰스케줄(Autism Diagnostic Observation Schedule, ADOS)이다. 자폐스펙트럼장애 진단은 보통 여러 회기에 걸쳐 일어나기 때문에 의료진은 다양한 상황에서 아동을 관찰하는 기회를 갖게 된다. 인지·행동·언어평가를 보완하기 위해 가족력과 병력에 대해 질문할 수도 있다.

자폐스펙트럼장애와 관련 있는 뇌 영역은 어디인가

자폐 아동의 뇌 발달은 정상 아동과는 다르다. 최근 연구에서 작업기억이 위치하고 있는 전전두피질(Prefrontal Cortex, PFC)이 자폐증의 영향을 가장 많이 받는 뇌 영역이라는 사실이 밝혀졌다. 자폐 아동의 전전두피질(PFC)에는 더 많은 수의 뉴런(67퍼센트 이상)이 있다. 이런 과잉 성장에 대한 한 가지 설명은 뉴런의 발달을 조절하는 유전자의 과활동으로 뇌 부피가 늘어났다는 것이다. 이것이 자폐행동과 정확하게 어떤 관계인지는 아직 분명하지 않지만, 비정상적인 전전두피질과 자폐증 간의 연관성은 작업기억이 자폐행동과 연결되어 있을 가능성을 시사한다(Courchesne & Pierce, 2005).

자폐 아동에게 정보를 기억하고 처리할 것을 요구하면 이들의 전전두피질은 잘 활성화되지 않는다. 이런 패턴은 과제의 특성과 상관없이 나타난다. 한 실험에서는 낱자를, 다른 실험에서는 형태를, 그리고 또 다른 실험에서는 얼굴을 처리하도록 요구했다. 실험의 결과는 모두 동일했다. 즉, 자폐 아동의 전전두피질은 정상 아동보다 활성화가 덜 활발하다. 얼굴자극을 이용한 실험에서 발견된 사실은 자폐 아동은 사회적 관계를 염두에 두고 얼굴 속성을 분석하지 않고 마치 물체를 대하듯이 자극을 처리한다는 것이다. 이것이 사회적 자극의 미묘한 차이를 해석하지 못하는 이들의 장애와 관련되어 있을 수 있다(Koshino et al., 2005, 2008).

또한 이들의 뇌 활동에서 나타난 바로는 특정 과제에 주의를 집중하면서 방해과제를 무시해야 하는 두 개의 과제가 제시될 때 자폐 아동은 실질적으로 더 중요한 정보에 주의를 전환하지 못한다는 것이다 (Luna et al., 2002). 이들은 어떤 정보가 중요한지를 결정하지 못해서 어려움을 겪는다. 수업시간에 일부 자폐스펙트럼장애 학생은 기억과 관련된 활동에서 문제가 있는 것으로 보일 수 있다. 그러나 어쩌면 이들은 작업기억 장애 자체가 아니라 어디에 주의를 기울여야 할지 몰라서 어려움을 겪고 있는 것일 수 있다.

왜 작업기억이 자폐스펙트럼장애와 관련 있는 것일까

자폐스펙트럼장애 학생의 작업기억 특성은 이들이 고기능인지 저기능인지에 따라 다르다. 고기능 자폐 학생은 평균 이상의 언어작업기억 (verbal working memory)을 갖고 있지만, 저기능 자폐 학생은 단순언어장애(specific language impairment, SLI)를 가진 학생과 동일한 수준의 수행을 보인다는 사례도 일부 있다. 일반적으로 저기능 자폐 학생의 작업기억은 정상적인 또래들의 작업기억보다 떨어진다.

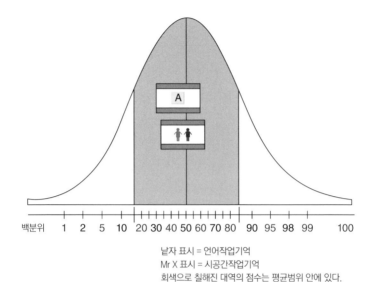

백분위   1   2   5   10   20 30 40 50 60 70 80   90   95   98   99   100

낱자 표시 = 언어작업기억
Mr X 표시 = 시공간작업기억
회색으로 칠해진 대역의 점수는 평균범위 안에 있다.

도표 7.1 자폐스펙트럼장애 학생의 작업기억 특성

　고기능 자폐스펙트럼장애 학생일지라도 언어작업기억에 문제가 있을 수 있다. 연구에 의하면 기억해야 하는 자료의 유형에서 이들의 작업기억 특성에 대한 단서를 얻을 수 있다(Alloway et al., 2009). 이들은 무의미 단어 같은 추상적인 정보나 새로운 단어의 기억을 특히 힘겨워한다. 왜 그럴까? 기억과 처리를 모두 요구하는 추상적인 정보가 제시되면 자료를 이해하는 데 너무 많은 시간을 허비하기 때문에 무엇을 해야 하는지를 잊어버린다는 설명이 하나 있다. 예를 들어, 자폐스펙트럼장애가 있는 14세 다니엘에게 언어작업기억검사(1장의 따라해 보세요에 나오는 청각기억검사)에서 '개는 기타를 연주할 수 있다'라는 문장을 제시했다. 다니엘은 한참동안 그 문장에 대해 생각하더니 '개를 훈련시킬 수 있으니까' 마침내 '참(true)'이라고 답변한다. 그는 답에 골몰하느라 너무 오랜 시간을 허비한 나머지 문장의 마지막 단어를 까먹고 만 것이다(Alloway et al., 2009).

정보를 기억하기 위해 사용하는 전략 역시 이들에게는 과중한 부담이다. 연구에 의하면 고기능 자폐스펙트럼장애 환자들은 정보를 기억할 때 장기기억이나 시각적 전략, 심지어 맥락 단서도 사용하지 못한다고 한다. 대신 이들은 정보를 몇 번이고 되풀이해서 말한다. 이 전략은 짧은 정보 목록을 기억할 때는 유용할 수 있지만 단순히 반복적으로 말하는 것은 결국 시간만 낭비하게 되고 비효율적이다. 이 학생들은 자신의 기억에 문제가 있다는 것을 알고 있다. 고기능 자폐스펙트럼장애를 가진 13세 알리스테어는 숫자역순 과제에 실패했을 때, 자신이 '숫자 과부하'(number overload)에 걸렸다고 표현했다.

이제 이들의 시공간작업기억(visual-spatial working memory) 특성을 살펴보자. 대부분의 자폐스펙트럼장애 환자에게서는 시공간작업기억의 결함이 발견되지 않는다. 작업기억자동평가(Automated Working Memory Assessment, AWMA)에 포함되어 있는 행렬검사(Dot Matrix test)를 예로 들어보자. 이 과제에서 학생은 아무 곳에나 무작위로 나타나는 점의 위치를 기억했다가 반대 순서로 기억해야 한다. 다른 연구들뿐만 아니라 나의 연구에서도 자폐스펙트럼장애 학생은 자폐증이 없는 또래만큼이나 이 과제에서 우수한 수행을 보였다. 이것은 이들이 교실에서 시각적으로 제시되는 정보는 잘 기억할 수 있다는 의미이다. 문제는 교사가 설명하는 것과 칠판에 쓰인 정보를 왔다 갔다 하면서 봐야 할 때 일어난다. 이런 경우 결국에는 정보가 시각적으로 제시되어도 수업내용을 기억하는 데 어려움을 느낄 수 있다.

작업기억과 서번트

서번트(savant 자폐 천재, 전반적으로는 정상인보다 지적 능력이 떨어지나 특정 분야에 대해서만은 비범한 능력을 보이는 사람-옮긴이)의 작업기억은 어떻게 생겼을까? 자폐 천재인 서번트 중에는 나이에 비해 비범한 능력을 보이지만 간단한 일상활동은 힘들어 하는 사람들이 있다. 한 교사가 12세 소년에 대해 이야기한 적이 있는데, 이 소년은 교장실에 가서 17세 대상의 수학시험과 과학시험을 보는 것은 좋아하면서도 혼자서는 옷도 입지 못한다고 했다. 이들의 특별한 능력은 IQ에 기초한 기대를 훨씬 넘어서고, 경우에 따라서는 그 분야의 전문가가 도달하는 수준을 뛰어넘는 영재성을 발휘한다. 이들의 특별한 능력은 음악, 목록 기억, 3차원 그림, 읽기(과독증hyperlexia, 의미는 전혀 모르면서 기계적으로 문자를 암기하는 능력-편집자), 달력 계산과 암산(과학상식을 참조하라)에서 주로 발견된다.

이들의 작업기억은 이런 특별한 능력을 반영하는가? 이는 작업기억 과제에 달려있다. 작업기억 과제가 자폐 천재의 전문 분야와 관련이 있으면 이들의 수행은 특별한 능력이 없는 자폐스펙트럼장애 집단보다 우수하다. 가령, 숫자를 사용하는 작업기억 과제라면 계산 분야에 천재적인 능력을 가진 서번트가 일반적인 자폐스펙트럼장애 집단보다 훨씬 높은 점수를 받는다. 그러나 형태를 사용한 작업기억 과제에서는 이런 서번트의 점수는 일반적인 자폐스펙트럼장애 집단과 비슷하다.

자폐 천재는 자신의 전문 분야에서 쌓은 방대한 지식을 작업기억 수행을 향상시키는 데 사용할 수 있다. 경우에 따라서는 이들의 전문성과 훈련이 이와는 전혀 다른 분야의 점수를 향상시키기도 한다. 예컨대, 달력 계산과 암산 분야에 천재성을 보이는 서번트가 비단어(nonsense words)를 사용하는 기억검사에서 경이적인 점수를 달성할 수 있다. 추상적 자료(날짜와 숫자)를 기억하는 훈련 경험을 다른 관련 자료에 적용할 수 있는 것이다.

> **과학상식**
>
> ### 과학상식: 레인맨 효과
>
> 서번트(savant, 자폐 천재)는 일반적으로 기억과 관련된 특별한 기술을 가진 자폐를 말한다. 예를 들면, 이들은 어떤 장면이나 위치를 단 몇 분 슬쩍 보고 나서 정확하게 그대로 기억해낼 수 있다. 또 다른 예로는 복잡한 수학문제를 암산으로 해결하는 놀라운 능력을 보이거나, 1869년 2월 25일이 무슨 요일이었는지를 말할 수 있다(달력 계산). 또래들이 겨우 낙서 수준의 그림을 그릴 때 서번트 아동은 3차원의 그림을 그리기도 한다. 이들은 어른들도 하기 힘든 퍼즐조각 맞추기를 심지어 그림을 보지 않고도 해낸다. 특출한 기억능력으로 인해 이들은 일반 성인이 파악하기에도 오랜 시간이 걸릴 사물의 패턴을 바로 인식할 수 있다.
>
> 자폐 천재인 서번트는 자연의 기묘한 조화로 뇌의 일부(여기서는 언어와 정보처리를 다루는 좌반구)가 손상되었기 때문에 이런 특별한 능력을 갖게 되

었다. 이런 손상으로 인해 이들은 학습장애를 겪고 일상생활을 해나가는 데 어려움을 겪게 된다. 이들의 뇌는 좌반구의 손상에 대처하기 위해 우반구의 잠금장치를 해제하게 되고, 결국 오감 중의 하나에 '스포트라이트'가 비추어진다. 가령, 스포트라이트가 청각에 비추어지면 이 자폐 서번트는 놀라운 음악적 재능을 갖게 되는 것이다.

우리 안에도 레인맨(rain man)이 숨어있을까? 과학자들은 특수기술을 사용해서 건강한 성인 뇌의 일부(위와 동일한 좌반구)가 일시적으로 작동하지 않게 했다. 실험 참가자들은 역사상의 날짜를 제시하면 그 요일을 말한다거나 그림을 그리는 능력처럼 자폐 서번트와 비슷한 놀라운 능력을 보여주었다.

어떻게 작업기억을 지원할 것인가

여기서는 다음 두 가지 유형의 전략에 대해 논의한다. 일반적인 학습 욕구를 가진 학생들에게 적용할 수 있는 일반 작업기억 전략과 자폐스펙트럼장애 학생들을 위한 특수 작업기억 전략이 그것이다. 아래의 일반 전략은 행동문제가 있는 학생들에게 맞춘 것이지만 여타 학생들에게도 적합하게 수정하여 사용할 수 있다.

일반 전략

작업기억의 정보처리과정 줄이기 위해 정보 잘게 쪼개기. 자폐스펙트럼장애 학생은 멀티태스킹 과제(예컨대, 필기하면서 수업 듣기)를 힘들어한다. 이들은 한 과제에서 다른 과제로 주의를 전환하는 데 너무 많은 노력이 들기 때문에 작업기억에 과부하가 걸리는 것이다. 결과적으로는 두 가지 과제 모두 제대로 완수하지 못한다. 이런 문제를 피하려면 과제를 한 번에 하나씩만 제시해라. 예를 들면 이런 식이다. 수업을 먼저 들으세요. 그런 다음 배운 내용을 토대로 필기하세요.

활동에서 작업기억의 정보처리과정 줄이기. 수업 유형에 따라 자폐스펙트럼장애 학생이 정보를 처리하고 기억하는 것이 다를 수 있다. 이들은 정답 혹은 오답처럼 답이 분명하지 않고 자신의 의견을 말해야 하는 추상적 개념이나 주제의 과제를 어려워한다. 자폐스펙트럼장애 학생인 10세 브로디의 부모는 다음과 같이 말했다. '브로디는 A가 B가 되는 이유를 이해해야만 그것을 받아들일 수 있어요. 그렇다보니 읽기와 쓰기 그 자체에 필요한 용량이 거의 남아있지 않게 되지요'

자폐스펙트럼장애 학생에게는 가능하다면 구조나 규칙에 기초한 학습을 최대한 제공하는 것이 좋다. 어떤 과학교사는 '생명복제는 어떤 의미가 있는가?'와 같은 윤리적인 주제에 대한 토론을 시켰을 때 조셉이 얼마나 싫어했는지를 설명했다. 그녀는 조셉을 토론에서 빼주는 대신 복제과정에 대한 간단한 에세이를 쓰게 했다. 이렇게 함으로써 조셉은 무엇을 해야 할지가 명확한 과제를 받았고 생명복제에 대해 문제없이 배울 수 있었다.

작업기억이 과부하에 걸리지 않도록 방해자극 최소화하기. 자폐스펙트럼장애 학생은 특정 신체자극에 거부반응을 보이기도 하고 빛 · 소음 · 열 같은 다양한 감각자극에 의해 쉽게 압도당한다. 이것은 작업기억 문제와 직접적인 연관은 없지만 감각에 과부하를 일으키는 촉발 요인이 되어 새로운 정보를 처리하는 데 작업기억의 사용을 어렵게 만들 수 있다. 따라서 하루에 몇 분만 교실환경을 점검하는 데 할애한다면 자폐스펙트럼장애 학생들에게서 큰 변화를 일으킬 수 있다. 첫째, 조명이 충분히 밝은지 확인하라. 빛이 들어오는 창에 포스터나 차트를 붙이지 않도록 주의해라. 빛에 민감한 학생이 있으면 창가에서 멀리 떨어진 곳으로 자리를 옮겨줘야 한다.

자폐스펙트럼장애 학생에게는 소음도 문제가 될 수 있다. 그들의 자리를 확인하라. 창가와 가까운가? 너무 시끄러운 뒷자리는 아닌가? 영국인 교사 말콤에 의하면 개별활동을 하는 동안 학생들에게 헤드폰 사용을 허락했더니 자폐스펙트럼장애 학생의 행동이 극적으로 좋아졌다고 한다. 이들은 수업을 따라가지 못하는 데서 오는 좌절로 인한 문제행동을 하지 않았고 과제를 빨리 마칠 수 있게 되었다.

자폐스펙트럼장애 학생은 쉽게 산만해지고 방해자극에 주의력을 뺏기는 경향이 있다. 이렇게 해서 이들의 작업기억 공간은 방해자극으로 채워진다. 집중에 방해가 되는 자극을 교실에서 제거하라. 태양계 모빌이 책상 가까이까지 너무 낮게 걸려있는 것은 아닌가? 교실이 어수선하지는 않은가? 혼자서 조용히 공부할 수 있는 곳이 있는가?

특수 전략

작업기억이 과부하에 걸리지 않도록 신체적인 과잉자극 최소화하기.

피부에 닿는 특정 물질에 매우 민감한 자폐스펙트럼장애 학생은 교실에서 불편함을 느낄 수 있다. 수업시간에 신발을 벗을 수 있게 해주거나 의자에 깔고 앉을 수 있도록 쿠션을 줘라. 이런 간단한 방법만으로도 자폐스펙트럼장애 학생이 작업기억을 효율적으로 사용할 수 있는 생산적인 환경이 조성될 수 있다.

일상의 규칙 정하기. 자폐스펙트럼장애 학생은 일정한 순서로 반복되는 일상과 규칙적인 배열에 따라 행동하는 경향이 있다. 물론 우리도 어느 정도는 특이한 성벽이 있다. 예컨대, 화장실 휴지를 어느 쪽에 두는지, 우유를 먼저 따르는지 아니면 커피를 먼저 따르는지와 같이 얼마쯤은 별난 구석이 있다. 그러나 이들은 그 정도가 심해서 일상이 규칙대로 배열되어 있지 않으면 제대로 행동하지 못한다. 교실의 사물이 지정된 장소에 없고 아무렇게나 놓여있어서 관심이 그쪽으로 옮겨지면 이들은 쉽게 화를 낸다. 교실 내 사물이 제자리에 배열되어 있으면 이들의 작업기억과 주의력은 앞에 놓인 과제에 바로 집중할 수 있다.

새로운 정보를 관심사항과 연결시키기. 학생의 관심 분야나 전문 분야가 공룡에 관한 것이건 태양계에 관한 것이건 그것을 이용하여 학습을 촉진시켜라. 가령, 학생이 트랙터에 대해 많은 것을 알고 있다면 그가 어려워하는 글자가 트랙터의 어느 부분과 닮았는지를 물어본다. 학생 스스로 이런 연결을 만들어낼 수 있도록 가르쳐라. 이런 과정을 통해서 작업기억은 새로운 정보를 장기기억의 지식으로 더 빠르게 전환시킬 수 있다. 그러고 나면 학생은 작업기억을 사용해서 그 지식을 활용할 수 있게 된다. 예전에는 한 자 한 자 쓰는 것도 어려워했던 글자를 사용해서 단어를 쓰는 것처럼 말이다.

자폐 학생에게는 신기술이 이로울까 해로울까?

지난 몇 년 동안 새로운 기술이 도입되었다. 컴퓨터에서 휴대폰에 이르는 수많은 기술은 접근 가능성과 효율성에서 엄청난 발전을 보이고 있다. 기술의 사용이 용이해지면서 치료자와 행동수정가들도 병원과 교실에서 이런 기술을 활발하게 사용하고 있다. '태블릿(tablet)'은 자폐 커뮤니티에서 가장 많이 사용되는 기기이다. 작고 여러 유용한 기능을 갖추고 있으며 운반이 용이하고 아동이 배우기에도 복잡하지 않다. 최근 폭발적인 인기 때문에 많은 부모와 의료진 사이에서는 자폐 아동의 태블릿 사용을 놓고 득실에 대한 관심이 높아지고 있다. 이득과 손실, 이 두 가지 측면을 다음과 같이 간단히 분석해 보았다.

이득: 대부분의 태블릿은 어린 아이들의 언어·시각·촉각능력에 도움을 주는 어플리케이션(흔히 '앱'이라고 부르는 응용프로그램-편집자)을 제공하고 있다. 아동의 읽기와 쓰기에 도움을 주는 앱도 있고, 상상놀이를 촉진하는 앱도 있다. 자녀가 앱을 사용하여 이 영역에서 큰 향상을 보인 부모는 이러한 태블릿에 대해 극찬을 한다.

손실: 무엇보다도 높은 가격이 문제다. 이런 기기의 가격은 800달러가 넘는다. 비싼 가격은 차치하고라도 아동이 적절한 감독 하에 있지 않으면 이 기기는 무용지물이다. 과잉자극의 위험도 또한 존재한다. 태블릿은 정상적인 사회적 상호작용을 대체할 수도 있는데 이렇게 되면 아직 사회성이 부족한 아동에게 끼치는 해악은 증가한다. 일부 아동은 태블릿에 지나치게 집착하고 그 기기에만 전적으로 의존하게 될 수도 있다.

손실이 클까? 아니면 이득이 클까? 아이마다 욕구가 다른 것처럼 이것도 아동에 따라 다르다. 만일 아동이 시각에 의존하는 학습자라면 태블릿은 훌륭한 대안이 될 수 있고 다른 활동과 함께 사용하면 좋다. 하지만 소근육 운동 장애나 자해행동을 보이는 아동이라면, 사용하지도 못하고 태블릿을 자칫 망가뜨릴 수 있어서 그들에게 기기를 주는 것은 바람직하지 않다. 기기의 과도한 사용과 의존성을 막기 위한 적절한 감독이 없다면 어떤 기기도 사용해서는 안 된다는 것을 반드시 기억해야 한다.

사례연구 토미 – 저기능 자폐스펙트럼장애

DSM-5와 관련된 토미의 행동은 다음과 같다.

- 사회적-정서적 상호작용에서의 결함
- 사회적 상호작용에 사용되는 비언어적 의사소통 행동의 결함
- 감각자극에 대한 과잉/과소반응 혹은 환경의 감각적 측면에 대한 비정상적인 관심

열다섯 살 토미는 저기능 자폐스펙트럼장애로 자폐 아동을 위한 학교에 다닌다. 그의 학급은 다섯 명의 자폐 학생, 교사, 상담사로 구성되어 있다. 나는 매일 아침 몇 시간을 토미와 함께 보낸다. 토미의 부족한 언어능력 때문에 우리의 대화는 대부분 일방적이다. 가령, 그에게 주말을 어떻게 보냈는지 물어보면 그는 형에 대해 이야기한다. 주말에 무엇을 했는지 다시 물어보아도 그는 마치 내 말을 못 들은 것처럼 가족에 대한 이야기만 계속 한다.

토미는 복잡한 과제를 짧은 시간 내에 끝마쳐야 하는 일이 자주 있다. 예를 들면 아침마다 공책에 여러 문장을 필기체로 베껴 써야 하는데, 그중에는 집 주소(1324 Drury Lane, Argleton, Massachusetts)를 노트에 다섯 번 쓰는 일도 있었다. 이 과제가 너무 어려워서 그는 멍하니 앉은 채로 시간만 보내곤 했다.

토미가 수업시간에 잘 따라오면 보상으로 찍찍이보드 위의 동물그림을 사용할 수

있게 해줬다. 하지만 토미는 찍찍이보드 위의 동물그림에 쉽게 주의를 빼앗겨서 과제를 하기는커녕 동물그림만 뚫어져라 쳐다보며 수업시간을 다 보내곤 했다.

전략

규칙적인 일상 정하기

나는 토미에게 날마다 똑같이 반복되는 규칙적인 스케줄을 정해주었다. 이렇게 하자 그날그날 자신이 무엇을 해야 할지 확실하게 알게 되었다. 이를테면, 아침엔 항상 대화로 시작하고 문장 쓰기를 하며 집주소를 배운다. 그런 다음 나머지 학습활동으로 넘어가는 식이다.

작업기억의 정보처리과정 줄이기 위해 정보 잘게 쪼개기

주소를 쓸 때 나는 집의 번지인 '1324'부터 가르치기 시작했다. 토미가 번지의 순서를 정확하게 쓰고 그것을 암기해서 내게 말해줄 수 있게 되면 주소의 다음 부분인 'Drury Lane'으로 넘어갔다. 그 다음 부분인 도시 이름'Argleton'과 주 이름 'Massachusetts'에도 이 방법을 똑같이 적용했다. 종이 맨 위에 적혀있는 주소를 그대로 베껴 쓰라고 하는 대신에, '집주소가 몇 번지야?'라는 질문을 해 발언을 유도했다. 그달 말경이 되자 어떤 힌트나 유도 없이 주소를 물어봐도 토미는 주소를 쓸 수 있게 되었다.

작업기억이 과부하에 걸리지 않도록 방해자극 최소화하기

토미의 주의가 산만해지지 않도록 책상 주변에 있는 그림을 모두 없앴다. 아침에 대화를 할 때는 똑바로 마주보고 앉아서 토미가 내 말에 주의를 집중할 수 있게 했다. 또한 동물에 관심이 많아보였기 때문에 찍찍이보드에 있는 동물그림으로 우리의 아침대화를 유도했다. 동물에 대한 이야기를 하면 토미는 대화를 계속 이어갈 수 있었다.

사례연구 제프리 – 저기능 자폐스펙트럼장애

DSM-5와 관련된 제프리의 행동은 다음과 같다.

- 사회적-정서적 상호작용에서의 결함
- 사회적 상호작용에 사용되는 비언어적 의사소통 행동의 결함
- 관계를 발달시키고 유지하고 이해하는 능력의 결함
- 틀에 박히고 반복적인 신체 움직임과 언어
- 매우 제한된 관심과 과도한 집착

제프리는 12세로 자폐스펙트럼장애가 있다. 가장 눈에 띄는 문제는 의사소통으로 그는 말을 전혀 하지 못했다. 말을 걸었을 때 한 마디도 못했을 뿐만 아니라 내가 말한 내용을 알아듣지도 못했다. 대신에 허공을 응시하고 낄낄 웃고만 있었다. 현장수업을 할 때 제프리가 두 손으로 바지를 가리고 있는 게 눈에 띄었다. 그에게 달려가서 화장실에 가고 싶은지 물었더니 절박한 표정으로 고개를 끄덕였고 우리는 미친 듯이 화장실로 달려갔다.

제프리는 어떤 것에 흥분하면 팔다리를 마구 흔들었다. 박물관에 갔을 때 그는 전시물 앞에 단 몇 초도 머물러 있지 못하고 팔다리를 흔들면서 뛰어다녔다. 제프리는 전시회보다 박물관의 조명스위치에 더 많은 관심을 보였다.

학교에서 놀이시간이면 제프리는 아이패드를 갖고 놀았다. 또래 아이들이 얘기하면서 장난감을 만드는 동안 그는 게임에 완전히 빠져서 아이패드로 빌딩게임만 했다. 반 친구들과도 얘기하려고 하지 않았기 때문에 제프리에게는 친구가 한 명도 없었다.

전략
작업기억의 정보처리과정 줄이기 위해 설명 잘게 쪼개기

제프리의 의사소통능력을 향상시키기 위해 나는 그가 해야 할 일을 잘게 나누어 설명해줬다. 간단한 질문(예컨대, 화장실에 가고 싶니?)부터 시작했다. 그가 고개

를 끄덕이면 '예'라고 대답해야 한다는 것을 알려줬다. 몇 번의 시도 후에 제프리는 '예'라고 말할 수 있게 되었고, 몇 주가 지나자 '화장실에 가도 되나요?'라고 물을 수 있게 되었다.

신체 과잉자극 최소화하기

지나치게 흥분할 때마다 제프리는 팔다리를 마구 흔들었다. 이런 일이 일어나면 나는 그에게 생각을 정리할 수 있도록 조용한 시간을 갖게 했다. 또한 팔을 흔들고 싶을 때면 등 뒤로 두 손을 잡고 있으라고 했다. 이렇게 하자 과도하게 흥분하던 것이 제어가 되었고, 시간이 지남에 따라 팔다리를 흔들던 행동도 줄었고 그 기간도 훨씬 짧아졌다.

작업기억이 과부하에 걸리지 않도록 방해자극 최소화하기

아무 때나 킬킬대고 웃는 이유를 묻자 제프리의 대답은 '몰라요'에서부터 '포스터가 웃겨서요(옆에 있는 벽의 포스터를 가리키면서)'까지 다양했다. 여전히 도움을 필요로 하기는 했지만 주변에 있는 방해자극들을 제거하자 제프리는 쉽게 집중할 수 있게 되었다.

시간이 지나자 제프리는 친구를 사귀었고, 생각을 말로 표현할 수 있게 되었으며, 팔다리를 마구 흔들고 싶은 충동도 제어할 수 있게 되었다.

사례연구 사라 – 고기능 자폐스펙트럼장애

DSM-5와 관련된 사라의 행동은 다음과 같다.

- 정형화되고 반복적인 신체 움직임과 언어
- 매우 제한된 관심과 과도한 집착

사라는 18세로 고기능 자폐스펙트럼장애가 있다. 대부분의 자폐스펙트럼장애 학생과 달리 그녀는 혼자서 학교과제를 수행할 수 있다. 철자과제를 가르치던 중에 나는 그녀의 비범한 능력을 알아차렸다. 사라는 단어의 철자를 기억하다 말고 자신이 사는 도시를 통과하는 열차를 모두 말하기 시작했다. 그녀는 열차에 대한 집착 때문에 수업시간의 과제를 끝내지 못하는 일이 잦았다. 사라는 모든 철도회사, 운송협회의 이름뿐만 아니라 심지어 열차의 행로별 시간까지도 순서대로 말할 수 있었다.

사라의 놀라운 기억을 보여주는 또 다른 사례로는 〈스타트렉(Star Trek)〉의 회별 방송과 방영 날짜까지 하나하나 순서대로 말할 수 있다는 것이다. 하지만 불행히도 그녀의 이런 경이로운 기억능력은 수업에서 배우는 내용에는 적용되지 않았다. 극도로 제한적인 그녀의 관심은 교실 안과 밖에서 다른 주제를 학습할 때는 방해가 되었다. 그녀는 언어를 능수능란하게 구사했지만 우리의 대화는 당시에 그녀가 생각하고 있던 것에 한해서였다. 주제가 열차나 〈스타트렉(Star Trek)〉이 아니면 정상적인 대화가 불가능했다. 예를 들면, 내가 그녀의 개에 대해서 말하기 시작하면 그녀는 개가 아니라 새로 나온 〈스타트렉(Star Trek)〉에 대해서 말했다.

사라는 철자법처럼 기억에 기초한 과제는 잘했지만 수학능력은 저기능 자폐스펙트럼장애 학생과 비슷한 수준이었다. 다시 말해서, 여러 음절로 이루어진 복잡한 단어의 철자는 말할 수 있었지만 '23+47'과 같은 덧셈은 힌트나 유도 질문 없이는 해내지 못했다.

놀라울 정도로 탁월한 기억능력에도 불구하고 사라는 쉽게 주의가 산만해지기 때문에 철자 시험성적은 좋지 않았다. 그녀가 시험시간에 연필을 딸칵거려가며 의미도 모를 소음을 만들어내면서 멍하니 책상에 앉아있는 모습이 자주 눈에 띄었다. 철자쓰기나 말하기를 정말 잘했기 때문에 나는 사라의 이런 모습에 깜짝 놀랐다. 왜 그러고 있는 건지 묻자 그녀는 안내해주는 유도 질문이나 힌트 없이는 어디서부터 쓰기를 시작해야 할지 모르겠다고 말했다.

전략
새로운 정보를 관심사항과 연결시키기
나는 사라가 관심을 보이는 주제에 새로운 정보를 연결시켜줬다. 가령 '23+47=?'과 같은 산수문제가 있으면 다음과 같이 질문했다. "23개의 화물칸을 가진 열차가 있는데, CSX(철도회사)가 화물칸을 47개 더 늘렸다면, 이 열차는 모두 몇 개의 화물칸을 갖게 될까?" 열차이야기는 사라의 관심을 끌었고 질문에 주의를 집중하게 해주었다. 단어문제를 풀 때에도 나는 그녀 스스로 자신의 관심사항과 연결할 수 있도록 독려했다.

작업기억의 정보처리과정 줄이기 위해 정보 잘게 쪼개기

사라가 문제를 어려워하는 것 같으면 그 문제(23+47)를 더 작은 단위, 예컨대 '23+7=?'과 '30+40=?'으로 쪼개어서 질문했다. 얼마 지나지 않아 사라는 어떤 힌트나 안내 없이도 십의 자리 이상의 수학문제를 풀 수 있게 되었다.

작업기억이 과부하에 걸리지 않도록 방해자극 최소화하기

열차와 〈스타트렉(Star Trek)〉에 대한 그녀의 관심은 과제수행을 방해했다. 나는 사라의 이러한 관심을 긍정적인 강화물로 활용하기로 마음먹고, 그녀가 수업시간에 과제를 계속하면 그에 대한 보상으로 10분 동안 열차와 〈스타트렉(Star Trek)〉에 대해 말할 수 있게 해줬다.

시간이 지나자 사라는 과제를 혼자서도 잘 수행할 수 있게 되었다. 또한 반복적인 소음을 내거나 주의가 산만해지지 않아서 정상적인 대화가 가능해졌고 수업에도 집중할 수 있게 되었다.

📋 SUMMARY

1 핵심 결핍

자폐스펙트럼장애 학생은 의사소통 · 상상력 · 사회성에서 삼중고를 겪는다.

2 작업기억 특성

고기능 자폐스펙트럼장애 학생의 경우 작업기억 특성이 평균적이다. 한편, 저기능 자폐스펙트럼장애 학생은 언어와 소통능력에 영향을 미치는 언어작업기억 특성에 결함이 있다.

3 전략

한 번에 한 개의 과제를 제시하고 활동을 단순화시킨다. 또한 방해자극과 신체 과잉자극을 최소화하여 작업기억이 교실의 환경이 아닌 수업활동에 사용될 수 있게 한다.

8

불안장애

**UNDERSTANDING
WORKING MEMORY**

열 살인 니콜은 아침에 등교하면 엄마 차에서 내려서 곧바로 교실로 향한다. 니콜은 숙제나 다가오는 시험을 수첩에 늘 기록해둔다. 그 또래의 대부분 아이에게는 이것을 끊임없이 상기시켜줘야 하지만, 니콜은 자신이 해야 할 모든 일을 확실하게 기억해두려고 한다. 그녀는 숙제를 전부 제시간에 끝내는데 때로는 더 일찍 제출하기도 한다.

시험기간에도 친구들은 부모가 데리러 올 때까지 운동장에서 놀지만 니콜은 초조한 마음에 도서관에서 시험공부를 하곤 한다. 시험이 있는 날에는 불안해하면서 쉬는 시간에도 공부를 한다. 그녀는 심지어 교사가 수업을 하는 동안에도 시험공부를 한다. 니콜의 성적은 반에서 일등이고 학교과제와 숙제에서도 최고 점수를 받는다.

불안장애란 무엇인가

사람들은 니콜을 보면서 자신에게 너무 엄격하다고 생각할는지 모르지만 그녀의 불안은 건강한 수준이다. 불안은 준비된 상태를 유지하는 데 도움이 된다. 그래서 그녀는 평균 이상의 성적을 내고 있는 것이다. 불안수준은 연속체를 이룬다. 연속체의 한쪽 끝에는 니콜의 경우처럼 건강한 불안이 위치하는데, 이 경우에는 불안 덕분에 일상과제를 성공적으로 달성할 수 있게 된다. 다른 한쪽 끝에는 건강하지 못한 불안장애(Anxiety Disorder)가 있다. 학생이 겪고 있는 불안이 건강한 수준인지 장애의 수준인지는 스트레스가 일상적인 활동에 얼마나 영향을 주는가에 달려있다. 니콜은 스트레스 한계점이 높아 쉽게 스트레스를 받지 않기 때문에 그녀의 불안은 학업성취를 향상시키는 요인으로 작용하고 있다. 하지만 불안장애를 가진 학생들은 그렇지 못해 일상생활과 수업에서 과제에 주의를 집중하지 못한다. 이들은 불안에 휩싸여 한 번에 여러 개의 정보를 기억하기 어렵다.

사례연구 마이크

마이크는 14세로 고등학교 1학년이다. 그는 잘 하는 과목이 하나도 없다. 수업시간에는 눈에 띄게 조용하고 멍하니 허공을 응시한 채 시간을 보낸다. 시험 보는 날에는 교실에서 도망나와 시험이 끝날 때까지 화장실에 숨어있다. 시험을 보지 않았기 때문에 성적은 엉망이고 따라서 스트레스는 더욱 높아진다.

과학시간에 마이크는 원자에 관한 포스터 발표를 하게 되었다. 마이크 차례가 왔을 때 그는 교실 뒤편에서 한 무리의 아이들이 웃고 있는 것을 발견했다. 아이들은 휴대폰 사진을 보며 웃고 있었지만, 마이크는 자신을 보고 웃는다고 생각해서 발표 중간에 교실을 뛰쳐나가고 말았다.

마이크의 사례는 수행불안(performance anxiety), 즉 학교에서 학업이나 활동을 수행하는 데 부정적인 영향을 끼치는 해로운 수준의 불안을 보여준다. 그는 악순환의 덫에 빠진다. 시험과 과제를 회피하기 때문에 나쁜 성적을 받게 되고, 나쁜 성적은 다시 더 큰 스트레스를 일으켜서, 미래에도 쉽게 과제를 회피하게 만든다. 니콜과 달리 마이크는 불안을 느끼는 경계치가 낮아 쉽게 불안해하며 이것은 성적에 부정적인 영향을 끼치고 있다.

걱정은 불안장애의 기본 속성이다. 걱정은 문제에 대한 반복적인 생각과 염려라고 할 수 있다. 과도한 걱정은 사람의 사고과정을 장악해서 '주의편중(attentional bias, 특정한 대상 혹은 특정한 속성에 주의를 더 많이 주는 경향성-옮긴이)' 현상을 일으킨다. 즉, 계속해서 떠오르는 생각 때문에 특정한 어떤 것에만 주의를 집중하게 된다. 걱정은 매우 빠르게 퍼져 다른 중요한 정보를 대체해서 인지활동의 중심을 차지할 정도가 된다. 불안은 작업기억을 공격해서 동시에 여러 개의 정보를 처리하지 못하게 만든다. 가령, 불안이 매우 심한 학생이 분수의 곱셈을 배울 때 그는 수업시간에 분수의 곱셈을 다 배우고 나서도 문제를 풀지 못한다. 새롭게 배우는 학습자료가 어려울까 봐 불안해하고 걱정하느라 수업시간을 다 허비하기 때문이다. 수업시간 동안 그의 마음은 과도한 걱정으로 채워져서 학습에 주의를 집중할 수 없는 것이다.

따라해 보세요

걱정

100, 97, 94, 91, 88... 이렇게 100에서 시작해서 큰 소리로 3씩 거꾸로 빼 보세요. 이와 동시에 아래에 있는 덧셈문제를 풀어 보세요. 일단 머릿속으로 암산을 해보고 안 되면 종이와 연필을 사용해서 풀어 보세요.

$$
\begin{array}{r}
985 \\
+\ 437 \\
\hline
\end{array}
\qquad
\begin{array}{r}
461 \\
-\ 378 \\
\hline
\end{array}
$$

3씩 거꾸로 빼는 과제를 수행하는 동안에는 많은 양의 정신능력(mental capacity)이 사용되고 있는 중입니다. 더구나 이 과제를 덧셈과제와 동시에 하려면 덧셈문제만 풀 때보다 정신적인 노력이 더 많이 들게 되지요. 이런 복합적 과제는 불안장애가 작업기억을 어떻게 '잡아먹고(차지하고)' 있고, 쉽게 해결할 수 있는 활동을 어떻게 방해하는지를 잘 보여주는 예입니다.

'따라해 보세요'의 과제는 불안장애 학생이 일상에서 경험하는 작업기억의 과부하와 비슷하다. '오늘 엄마가 나를 데리러 올까?' '나는 이번 시험에 통과하지 못할 거야. 통과하지 못하면 모두가 나를 비웃겠지.' '이건 너무 어려워서 나는 절대로 배우지 못해.'라는 생각들이 불안장애 학생의 마음에 들어와서 집중을 계속 방해한다. 이런 걱정 때문에 학생은 수업에 주의를 온전히 기울여 집중하지 못하게 된다.

DSM과 진단

마이크가 불안장애로 어려움을 겪고 있다는 것을 어떻게 확인할 수 있을까? 마이크의 불안수준을 니콜의 불안수준과 어떻게 구분할 수 있을까? DSM-5에 따르면, 범불안장애(generalized anxiety disorder)로 진단 받기 위해서는 사회적, 직업적 혹은 그 밖의 다른 중요한 기능 분야에서 현저한 장애가 있어야 한다. 마이크와 같이 불안장애가 있는 사람은 다음의 증상 중 적어도 하나는 갖고 있다.

- 초조함, 안절부절, 신경이 곤두섬
- 쉽게 피로해짐
- 주의집중이 어렵고 멍해지는 느낌
- 신경질적이고 과민함
- 근육긴장
- 수면장애(잠들기 어렵고 길게 자지 못함, 초조함, 불만족스러운 수면)

불안장애 학생은 수행 또는 타인의 평가에 스트레스를 받는다. 이들은 또한 완벽주의 성향을 보이고 매우 순종적이고 과제를 계속 다시 하는 경향이 있다. 특히 자신의 과제수행에 대해 인정받고 싶은 욕구가 강하다는 것도 이들의 또 다른 특징이다.

마이크처럼 범불안장애로 진단받기 위해서는 장애가 광범위하고 고통스러우며 장기적이고 아무런 자극 없이도 불안장애가 일어나야 한다. 이 장애를 가진 사람들은 대부분 일생동안 지속되는 불안을 보이고 그 완치율이 극도로 낮다. 아동용 다중차원 불안척도(Multidimensional Anxiety Scale for Children, MASC-2)는 50개의 항목으로 이루어진 질문지로 아동 또는 부모가 작성하도록 되어있다. 이것은 8세에서 19세 사이의 연령대를 대상으로 광범위한 불안장애를 측정한다. 연령이 더 높은 사람들(17세-80세)에게는 21문항의 자기보고측정(self-report measure) 방식으로 답하는 벡의 불안검사도구(Beck Anxiety Inventory, BAI)를 사용한다.

불안장애와 관련 있는 뇌 영역은 어디인가

불안장애를 가진 사람에 대한 뇌 영상 연구들은 작업기억이 위치한 전전두피질(prefrontal cortex, PFC)과의 연관성을 보여준다(Vytal et al., 2013). 불안은 인지의 과부하를 유발하고 작업기억에 손상을 입혀서 효율적인 정보처리를 방해한다. 수업에서 새로운 주제를 배우기에 충분한 작업기억 용량을 가지고 있는 학생도 불안을 경험하면 작업기억 용량이 축소되기 때문에, 수업에 주의를 기울이기 위해서는 더 많은 정신적 노력이 필요하다.

비유를 통해 학습에서 불안의 효과를 이해해 보자. 매운 음식을 먹으면 후추에 있는 캡사이신(capsaicin)이 당신의 혀에 있는 수용기(receptor) 세포를 자극하여 통증을 야기한다. 캡사이신이 제거된 뒤에도 혀에는 열기와 통증이 남아있어서 다른 음식을 먹어도 맛을 느끼기 어렵다. 당신이 불안을 경험할 때 이와 비슷한 과정이 마음에서도 일어난다. 당신의 전전두피질에 뚜렷하게 남아있는 불안한 생각 때문에 새로운 정보는 제대로 처리되거나 기억되지 못하는 것이다.

뇌는 정말 변화될 수 있는 걸까?

연구자들은 만성적인 스트레스가 인간의 뇌 구조에 영향을 미친다는 결과를 발견했다. 불안은 뇌의 스트레스 호르몬인 코르티솔(cortisol) 수준을 증가시킨다. 그 결과로 뉴런의 수가 감소하고 뉴런을 덮고 있는 수초(myelin)는 증가한다(Elzinga & Roelofs, 2005).

뇌에서의 코르티솔 수준은 중요한 두 신경학적 구조 사이의 경로에 영향을 미친다. 장기기억과 관련된 해마(hippocampus)와 정서에 관여하는 정서통제센터인 편도체(amygdala)가 바로 그것이다. 불안을 느끼면 해마와 편도체 사이의 연결이 방해를 받아서 둘 간의 소통이 제대로 일어나지 않는다. 스트레스를 받는 동안 생긴 줄기세포가 전전두피질에 있는 신경세포 위에서 수초를 만드는데, 이 수초가 새로운 뉴런의 생성을 방해한다. 그런데 원래 이 새로운 뉴런은 해마에서 전전두피질로 가는 경로를 촉진시킴으로써 기억을 향상시키는 역할을 한다. 요점은 만성적인 스트레스가 작업기억의 사용과 효과적인 학습능력을 방해한다는 것이다.

왜 작업기억이 불안장애와 관련 있는 것일까?

불안장애가 작업기억에 영향을 미치는 방식은 정보의 저장과 처리, 이 두 가지이다. 불안은 빠르게 퍼지는 특성이 있으며 걱정을 유발한다. 끊임없이 걱정을 하면 새로운 정보를 효율적으로 처리하는 데 더 많은 정신적 노력이 요구된다. 따라서 학생은 과제완수에 훨씬 더 많은 시간과 노력을 기울여야 한다. 가령, 에세이를 쓸 때 불안장애 학생은 에세이의 내용이 완벽한지 혹은 아이디어가 충분히 좋은지에 대해 계속 걱정하느라고 또래에 비해 두 배 이상의 집중과 노력이 필요하고 시간도 두 배나 더 걸린다. 불안의 영향을 받는 작업기억의 두 번째 측면은 정보의 저장이다. 걱정은 빠르게 퍼지는 특성으로 인해 새로운 정보의 처리 및 장기기억으로 정보의 전이를 방해하는 주의편중 현상을 일으킨다.

불안은 작업기억에 있는 언어정보의 처리를 방해한다. 텔레비전을 보고 있거나 컴퓨터 작업을 하고 있는데 누군가가 말을 걸었을 때를 생각해 보라. 당신의 작업기억은 하고 있던 작업에 투입되고 있어서 말을 걸어온 사람에게로 향하는 주의가 제대로 기능을 발휘하지 못한다. 그 결과 대화를 이어갈 수 없고 당신은 질문을 반복하게 된다. 불안장애를 가진 학생은 수업이나 지시를 들을 때 이와 비슷한 경험을 하고 있다. 이들의 언어작업기억(verbal working memory)은 걱정스런 생각으로 꽉 차서 새로운 정보를 처리할 수 없다. 이와는 대조적으로 시공간작업기억(visual-spatial working memory)은 범불안 또는 수행불안의 영향을 받지 않는다. 걱정스런 생각이 시공간작업기억의 자원이 아니라 언어작업기억의 자원을 사용하기 때문이다(Castaneda et al., 2011). 또한 불안이 학업성취에 영향을 미치지만 이 효과는 연령집단과 성별에 따라 차이가 있다. 여자아이들이 남자아이들보다 불안장애 진단을 더 많이 받는 경향이 있다.

작업기억과 아동기 초기 불안장애

일반적으로 건강한 수준의 불안을 가진 어린 아동은 동시에 두 개의 과제를 완수하고 하나의 과제에서 또 다른 과제로 주의 전환도 가능하다. 하지만 불안수준이 높은 어린 학생들은 여러 과제를 효율적으로 관리하지 못하고 상황에 맞게 주의를 전환하지 못한다. 연구에 의하면 불안수준이 높은 학령전기 아동은 불안수준이 낮은 또래 아동보다 언어작업기억 검사점수가 더 나빴다. 불안수준이 높은 아동은 언어정보의 처리와 기억에서 더 큰 어려움을 겪고 언어적 요구가 많은 질문에 응답하는 시간도 더 길었다(Visu-Petra et al., 2011).

이들의 문제는 교사가 제시하는 언어정보를 처리하면서 동시에 필기를 해야 할 때처럼 한꺼번에 두 개의 과제를 해내야 하는 상황에서 분명하게 드러난다. '따라해 보세요'로 다시 돌아가 보자. 여기에서는 특정 정보(거꾸로 숫자 빼기)에 주의를 빼앗길 때 과제(덧셈문제)를 수행하기가 얼마나 어려운지를 보여준다.

불안은 언어와 같은 복잡한 기술의 습득에도 영향을 미친다. 어릴 때부터 학생들은 세계를 더 잘 이해하기 위해 자신의 경험에 의지한다. 의사소통을 위해 언어를 배우고, 들려오는 단어와 마음속 사전에 저장되어 있는 단어를 대응시키기 위해 작업기억을 사용하는 것, 이 모든 게 이러한 과정의 일부이다. 아동기 초기는 언어발달의 중요한 시기인데 불안이 이 학습과정에 특히 치명적인 영향을 미칠 수 있다. 이런 장애를 겪는 아동은 그 나라 말을 못하면서 외국에 살고 있는 성인과 비슷하다. 이들은 단어를 이해하지 못하기 때문에 의사소통하는 것이 더욱 힘들다.

작업기억과 아동기 중기 불안장애

사례연구 다니엘

다니엘은 16세로 성적을 올리려고 학기 내내 힘들게 공부하고 있다. 그는 대수학을 재수강하고 있는데 이번에도 시험에 통과할 것 같지 않다. 시험시간에는 자신의 머리카락을 잡아당기고 무릎을 위아래로 계속 흔들고 혼자서 중얼거리곤 한다. 그의 답안지는 낙서와 지운 흔적으로 가득하다. 답을 맞힌 문제는 몇 개 되지 않는다. 다니엘은 결석을 자주 하고 학교에 와서도 고개를 푹 숙이고 앉아서 교사나 친구들과는 좀처럼 소통하지 않는다.

중학교에서 고등학교로 올라가는 과도기는 학생들에게 스트레스가 많은 시기이지만 작업기억이 스트레스로부터 보호해주는 역할을 한다. 작업기억은 학생이 스트레스와 불안 속에서도 공부할 수 있게 해주는 일종의 완충장치이다. 그러나 다니엘처럼 작업기억의 성능이 떨어지는 학생들은 불안의 부정적인 효과에 매우 취약할 수밖에 없다. 예컨대, 불안감이 높은 학생들은 고등학교의 기하학시험을 마치 대학교의 미적분시험을 치르듯이 준비한다. 이들은 자신에게 대단히 엄격하고 늘 최악의 시나리오를 예상하면서 공부한다. 작업기억이 좋지 않으면 불안의 방해효과에 대적할 완충장치를 갖고 있지 못하기 때문에, 시험공부를 아무리 많이 해도 학교성적은 낮을 수밖에 없다(Johnson & Gronlund, 2009).

그러나 불안의 효과가 항상 부정적인 것만은 아니다. 중간 수준의 불안은 청소년기의 건강에 오히려 좋을 수 있고, 부정적인 피드백을 피하기 위해 시험에 대비하게 만드는 동기 요인으로 작용한다. 우리 대부분은 시험 때문에 초조해하면서도 좋은 성적을 받기 위해 많은 시간을 공부에 쏟아 부었던 기억이 있을 것이다. 불안은 더 열심히 공부하게 만드는 동기가 된다. 니콜의 사례에서 보듯이 불안과 우수한 작업기억이 결합되면 좋은 성적이라는 긍정적인 결과를 가져온다. 하지만 작업기억이 부족한 학생의 경우에는 여기에 불안이라는 추가적인 부담까지 더해지면 심신이 쇠약해지는 결과를 초래할 수도 있다. 이들에게는 걱정이라는 침투성이 강한 사고를 관리할 수 있는 충분한 작업기억 자원이 없기 때문이다(Owens et al., 2014).

쟁점토론

강박장애의 실체

'외출할 때면 저는 언제나 차에서 다시 내려서 현관문이 잠겼는지 재차 확인하게 되요. 아무래도 강박장애인 것 같아요' 사람들은 자신의 별난 행동을 가볍게 이야기할 때 강박장애(obsessive-compulsive disorder, OCD)라는 단어를 사용한다. 하지만 실제로 강박장애는 원하지 않는 생각을 강박적으로 하게 되는 아주 심각한 불안장애이다. 강박장애를 가진 사람들은 극도로 의례적이다. 또한 그들 스스로가 만들어낸 생각으로 야기된 불안을 경감시키기 위해 까다롭고 힘든 활동을 수행한다.

교실에서 책상에 앉아있는 어린 여자아이를 상상해보자. 펜은 책상 앞쪽에, 종이는 책상 정중앙에, 책은 서랍에 가지런히 놓여있고, 파일은 모두 같은 방향을 향하도록 꽂혀있다. 아이 주변의 다른 학생들을 보면 깎지 않은 연필이 바닥에 굴러다니고, 종이는 구겨진 채 뭉쳐있고, 책은 서랍 안에 아무렇게나 놓여있다. 이때 우리는 이 아이가 깔끔하게 수업준비를 잘 하고 있다고 칭찬하는 대신 혹시 강박장애가 아닐까라고 의심해 볼 수도 있다. 하지만 이 아이에게는 극심한 불안에 의해 유발되는 강박적인 생각이나 행동이 나타나지는 않는다. 아이의 정리정돈은 일상생활에 부정적인 영향을 미치지 않으며, 오히려 과제를 효율적으로 완수할 수 있게 해주고 있다.

이제 또 다른 어린 남자아이를 상상해 보자. 아이는 한 페이지의 글을 쓰는데 연필을 두 개나 사용하기 때문에 연필을 깎으려고 자주 책상에서 일어난다. 연필을 그만 깎으라고 하면 스트레스를 심하게 받고, 자신은 뾰족하지 않은 연필로는 쓸 수 없다고 불평을 늘어놓는다. 이 아이는 연필에 집착하는 것 때문에 과제를 완수하는 데 시간이 오래 걸리고 수업에도 방해가 된다.

이 남자아이와 앞에서 살펴본 깔끔한 여자아이는 무엇이 다른가? 이들의 차이는 행동의 기저에 놓여 있는 불안에 있다. 어린 여자아이의 규칙적인 일상 행동은 완벽을 향한 강박적인 요구에 의해 일어나는 것이 아니다. 이와는 반대로 남자아이의 의례적인 행동은 과제를 완수하는 자신의 능력에 대한 불안과 걱정 때문에 일어나고 있다. 강박장애는 단순한 활동조차도 완수하지 못하게 만드는 엄청난 부담이다. 강박장애라는 용어의 경솔한 사용은 자칫 이 장애로 고통 받고 있는 사람들을 무시하는 것으로 보일 수 있다.

작업기억과 성인기 불안장애

불안의 해로운 효과는 성인기까지 이어질 수 있다. 가령, 수학에 대한 불안감이 높은 성인은 불안수준이 낮은 동년배 집단에 비해 작업기억 점수가 낮고 수학수업에서도 더 낮은 수행을 보인다(Ashcraft & Kirk, 2001). 대학에 다니지 않으며 불안수준이 높은 성인도 또한 작업기억 장애로 인해 일상적 활동이 영향을 받는다(Castaneda et al., 2001). 가령, 대형건물 안에 사무실이 있는 새 직장에 출근하는 첫날이라고 상상해 보자. 당신은 지도를 인쇄해서 별 어려움 없이 사무실을 찾아갈 수 있을 것이다. 이미 한 번 가봤으니 자신의 길 찾는 능력을 믿고서 다음날에는 지도를 집에 두고 출근할 것이다. 그런데 건물에 들어서자 사무실의 위치가 전혀 생각나지 않는다. 일주일이 지났는데도 지도 없이는 여전히 사무실을 찾을 수 없다. 불안장애가 있는 성인들에게는 새로운 직장과 같은 스트레스 상황과 낮은 성능의 작업기억이 결합되면 자신의 사무실을 찾아가는 간단한 과제조차도 해내기가 힘겹다.

불안에 대한 성인의 대처 방법은 어린 아동이나 청소년과는 중요한 차이를 보인다. 불안을 느끼면 일반적으로 성인은 불안을 심화시키는 활동을 회피한다. 예를 들어, 수학불안이 높은 대학생은 불안수준이 낮은 동년배보다 수학과목을 더 적게 선택한다. 이런 선택이 일시적인 만족을 가져다줄 수는 있다. 그러나 장기적으로는 작업기억에 해로운 영향을 미친다. 작업기억은 역동적인 환경 속에서 향상되고 성장한다. 새로운 것의 경험이 작업기억을 발달시키고 유지시키고 향상시키는 핵심이다. 이런 새로운 경험을 회피하는 것은 작업기억을 발달시킬 좋은 기회를 저버리는 것이다.

어떻게 작업기억을 지원할 것인가

여기서는 두 가지 유형의 전략에 대해 살펴본다. 일반적인 학습욕구를 가진 학생들에게 적용할 수 있는 일반 작업기억 전략과 불안장애를

가진 학생들을 위한 특수 작업기억 전략이 그것이다. 아래의 일반 전략
은 불안장애를 가진 학생들에게 맞춘 것이지만 학급의 여타 학생들에
게도 적합하게 수정하여 사용할 수 있다.

일반 전략

작업기억이 과부하에 걸리지 않도록 방해자극 최소화하기. 불안장애
가 있는 학생은 끊임없이 걱정스런 생각을 하느라 작업기억이 허비되
고 있어서 작업기억 용량이 부족하다. 포스터와 창문 같은 주변의 방
해자극은 이들의 작업기억에 과부하를 일으키고 새로운 정보의 학습
과 저장을 어렵게 만들 수 있다. 이런 방해자극들을 교실의 다른 곳으
로 옮기거나 제거함으로써 불안장애 학생들이 보다 효율적으로 학습
할 수 있게 한다.

작업기억의 정보처리과정 줄이기 위해 정보 잘게 쪼개기. 불안장애
를 가진 학생은 새롭고 복잡한 주제에 압도당하기 쉽다. 복잡한 주제를
작은 단위로 잘게 쪼개어 제시함으로써 불안장애 학생이 학습을 훨씬
잘 받아들일 수 있게 하라. 가령, 당신이 뉴턴의 운동법칙 세 가지를 가
르친다고 해보자. 이 경우 세 가지 법칙 모두 각기 다른 날에 가르치는
게 좋다. 왜냐하면 이렇게 함으로써 학생이 하나의 법칙을 배우고 그
다음 법칙을 배우기 전에, 먼저 배웠던 법칙을 충분히 이해하고 처리할
시간을 가질 수 있기 때문이다.

작업기억의 정보처리과정에 도움이 되는 시범과 학습도구 사용하기.

걱정이 많고 불안해하는 학생은 대개 수업시간에 계속 주의를 집중하고 있기 어렵다. 시범수업을 활용하여 이들이 주의집중 상태를 유지할 수 있게 해라. 가령, '모든 작용에는 반작용이 존재하는데 작용과 반작용은 크기는 같고 방향은 서로 반대이다'라는 뉴턴의 제3법칙을 가르친다고 해보자. 이 때 두 학생에게 서로 손을 마주 대고 동일한 힘으로 밀고 있도록 하고 이 모습을 학생들에게 보여준다. 이런 시범수업은 작업기억의 사용을 도와 학생의 주의를 지속시키고 운동법칙을 처리하고 기억할 수 있게 한다.

작업기억의 활성화 위해 간헐적으로 정보 반복하기. 정보를 반복하면 작업기억의 가장 중심이 되는 위치에 정보를 유지시킬 수 있고 장기기억에 저장할 수 있으며 나중에 기억해내는 데에도 도움이 된다. 불안장애가 있는 학생은 작업기억 용량이 부족하기 때문에 영구 저장고인 장기기억으로 정보를 이동시키는 데 더 많은 주의가 필요하다. 만일 당신이 'aquifer(대수층, 지하수를 품고 있는 삼투성 지층-편집자)'라는 단어의 철자를 가르치고 있다면, 학생이 철자를 반복할 때 대수층 그림을 보여줘라. 철자의 반복과 단어와 그림 간의 연합이 이 단어가 장기기억에 저장되는 것을 돕는다.

작업기억 부하 줄이기 위해 활동 단축하기. 학습활동 중 휴식시간을 제공하는 것은 불안장애를 가진 학생이 한 번에 과도한 정보에 압도당하지 않도록 해주는 또 하나의 방법이다. 휴식시간이 주어지지 않으면 이런 학생들은 머리가 멍해지면서 중요한 정보들을 놓치게 된다. 새로운 개념을 제시하고 나면 일단 멈추고 방금 배운 수업내용에 대해 질문하라. 그러면 이들은 학습자료에 관심을 가질 것이다. 휴식시간이 주어지면 이들은 새로운 정보의 처리에 작업기억을 계속 사용할 수 있게 되고 결과적으로는 또래에 뒤처지지 않을 수 있게 된다.

작업기억에 도움이 되는 시각적 도구 사용하기. 불안장애를 가진 학생은 일반 학생과 비교하여 언어작업기억 점수가 낮다. 이들의 부족한 언어작업기억을 우회하여 시공간작업기억을 사용할 수 있게 만드는 한 가지 방법은 수업에서 시각적 도구를 활용하는 것이다. 예를 들어, 학생에게 방금 읽은 것에 대한 마음속 이미지를 만들어 보라고 하고 그 이미지에 대해 설명해달라고 요구한다.

초기 전략. 어린 학생의 경우에는 그들이 들은 것 또는 본 것을 기초로 그림을 그리게 하고 그림에 대해 설명해줄 것을 요구한다. 우리의 최종 목표는 학생이 마음속 이미지나 그림을 그리지 않고도 수업내용을 설명할 수 있게 만드는 것이다.

특수 전략

작업기억의 정보처리과정 돕기 위해 사회적 관계에 대한 불안 줄이기. 불안장애가 있는 학생은 또래의 비판을 두려워하기 때문에 사회활동에서 심한 어려움을 겪는다. 이런 학생은 교실에서 친구들과 말을 많이 하지 않는 수줍은 학생으로 비춰질 수 있다. 이를 해결하기 위해 교사는 모든 학생이 돌아가면서 말을 하는 것으로 수업을 시작한다. 한 명씩 책상에서 일어나서 어제 수업내용 중에서 좋았던 것 한 가지씩을 말하게 한다.

좀 더 작은 규모로는, 불안장애 학생을 다른 학생들과 그룹을 지어주고 그 안에서 각자 소개하는 시간을 갖게 한다. 이렇게 하는 목적은 또래와 편하게 말할 수 있게 하려는 것이다. 사회적 관계에 대한 불안이 감소하면 이를 걱정하는 데 작업기억 자원을 허비하지 않고 수업에 집중할 수 있게 된다.

<u>언어작업기억에 도움이 되는 사회적 신호나 힌트 사용하기.</u> 불안장애 학생은 언어작업기억이 부족하기 때문에 자신의 정서와 욕구를 전달하거나 생각을 끝까지 마무리하기가 어렵다. 이들에게는 또래와의 대화를 장려하여 언어능력이 향상될 수 있는 기회를 만들어준다. 일대일 대화를 할 수 있게 해주고 일부 수업활동에서는 함께 공부하는 짝을 정해준다.

불안수준이 높은 학생은 교사와 또래의 기대에 대한 두려움이 있다. 이들이 느끼는 걱정에 대해 함께 이야기함으로써 잘못된 기대를 떨쳐버릴 수 있게 하라. 불안이 감소되면 걱정의 주의편중 현상이 없어지고 학생은 자신의 작업기억을 학습에 사용할 수 있게 된다.

초기 전략. 불안장애를 가진 어린 학생들은 또래와의 상호작용을 회피하는 경향이 있고, 이 때문에 언어발달에 문제가 생길 수 있다. 충분한 시간을 두고 눈 마주침이나 상호작용과 같은 기본 대화기술을 가르쳐라. 그러면 이들도 겁먹지 않고 새로운 대화에 참여할 수 있게 된다.

또래와의 대화에서 편안함을 느껴야 비로소 언어 단서를 효과적으로 처리할 수 있게 되고 기본적인 언어능력이 발달한다.

일상의 규칙 정하기. 불안장애를 가진 학생은 불확실성이나 그에 따른 걱정을 좋아하지 않는다. 주간 수업계획표를 작성하고 공유하여 학생이 앞으로 할 일이 무엇인지를 알게 하라. 그러면 이들은 불안을 덜 느끼고 작업기억을 걱정스런 생각에 소모하는 대신 학습에 사용할 수 있게 된다.

현실적인 기대 정하기. 불안수준이 높은 학생은 건강하지 못한 완벽주의 성향이 있다. 잘못된 높은 기대감을 갖고 있는 경우도 많이 있다. 학생에 대한 교사의 기대를 솔직하게 말해라. 이들에게 구조적인 목표를 제시하여 현실적인 계획을 세울 수 있게 하라. 당신이 이들에 대한 높은 기대를 버리면, 이들도 당신을 실망시킬지 모른다는 초조감을 더 이상 느끼기 않게 되고 작업기억을 학습목표를 달성하는 데 사용할 수 있게 된다.

사례연구 라이언 – 사회불안장애

DSM-5와 관련된 라이언의 행동은 다음과 같다.

- 타인에게 자세히 관찰될 수 있는 사회적 상황에 노출되는 것에 대해 과도한 공포 또는 불안을 느낀다
- 사회적 상황에서 거의 항상 공포나 불안을 경험한다. 아동의 경우 울음, 분노발

작, 얼어붙음, 매달리기, 움츠러듦, 말을 못하는 것과 같은 행동이 나타난다

• 사회적 상황을 회피하거나 극심한 공포 또는 불안 속에서 견딘다

• 공포나 불안 또는 회피가 6개월 이상 지속된다

여덟 살 라이언은 지난 한 해 동안 엄마가 아침에 학교에 내려줄 때면 한바탕 난리를 피웠다. 일주일 내내 아침마다 짜증을 부릴 때도 있었고 일주일에 이틀만 떼를 쓸 때도 있었다. 심할 때는 엄마의 다리에 매달려서 자신을 두고 가지 말라고 울부짖었다.

라이언은 반에서 어느 누구하고도 말하려고 하지 않았다. 그룹에 들어가서도 그룹 활동에 참여하지 않고 조용히 있었다. 담임선생님 외에는 누구와도 말하기를 거부했다. 그는 점심시간이나 쉬는 시간처럼 수업 외의 상황에서도 스스로 외톨이가 되었다. 쉬는 시간이면 다른 아이들과 멀리 떨어져 혼자서 그네를 탔다. 점심시간에는 또래와 함께 있지만 머리를 숙인 채 한 마디도 하지 않았다. 그는 종종 나에게 혼자서 교실에서 점심을 먹어도 되는지 물어 보았다.

다른 사람들과 말하는 것을 너무 수줍어하기 때문에 라이언은 대화규칙을 배우지 못했고 간단한 감정도 소통하기 힘들어했다. 가령, 그가 화난 것처럼 보여서 무슨 일인지 물으면 나를 멍하니 바라만 보았다. 내가 다시 질문을 하면 '모르겠어요'라고 대답했다. 라이언은 '수업에 필요한 사전을 도서관에 가서 찾아와라'라는 간단한 지시사항을 따르는 것조차도 힘들어할 정도로 언어이해능력도 부족했다. 그는 허둥대기만 하다가 빈손으로 교실로 돌아오곤 했다.

전략
작업기억의 정보처리과정 줄이기 위해 정보 잘게 쪼개기
나는 도서관에서 책 찾아오기와 같은 과제를 단순화함으로써 라이언이 과제를 완수할 수 있도록 하여 그의 수업참여를 독려했다. 다음과 같이 과제를 단계로 나누어서 적어줬더니 그는 자기가 할 일을 잊지 않고 순서대로 할 수 있었다. (1) 도서관으로 간다 (2) 사서를 찾는다 (3) 사전을 요청한다 (4) 교실로 돌아온다. 이런 단계별 지시는 작업기억 부하를 감소시켰고 라이언은 불안을 거의 느끼지 않으면서 과제를 완수할 수 있었다. 마지막에는 필요한 책만 적어서 건네주었는데, 그는 도

서관에서 정확하게 책을 찾아올 수 있게 되었다.

작업기억의 정보처리과정 돕기 위해 사회적 관계에 대한 불안 줄이기

그룹프로젝트를 수행할 때면 라이언이 항상 같은 그룹의 학생들과 함께 할 수 있게 해줬다. 먼저 자기소개를 하고 각자 좋아하는 동물을 말해 보라고 했다. 라이언 차례가 왔을 때 나는 옆에 앉아서 그가 말을 많이 할 수 있도록 부추겨가며 도왔다. 라이언이 그룹 구성원들과 편안해지고 나면 그들이 과제를 시작할 수 있도록 나는 자리를 떴다. 라이언은 불안을 덜 느끼면서 과제를 할 수 있게 되었고, 더 이상 부추기지 않아도 작업기억을 과제를 처리하는 데 사용할 수 있게 되었다.

언어작업기억에 도움이 되는 사회적 신호나 힌트 사용하기

수업이 끝나면 그날 있었던 일에 대해 라이언과 대화하는 시간을 가졌다. 질문을 했을 때 대답하지 못하면 나는 그에게 '오늘 어땠어?'라는 질문으로 답변의 물꼬를 텄다. 그래도 여전히 혼란스러워하면, '오늘 좋았니? 나빴니?'라고 물었다. 그가 적절한 응답을 선택하고 자신의 감정과 연관시킬 수 있도록 특별한 힌트를 준 것이다. 다음에 비슷한 질문을 하면 그는 대안을 이미 알고 있기 때문에 적절하게 반응할 수 있었다.

사례연구 비앙카 − 범불안장애

DSM-5와 관련된 비앙카의 행동은 다음과 같다.

- 걱정을 억누르기 어렵다고 느낀다
- 여러 사건이나 활동(직업 또는 학교 수행)에 대해 과도한 불안이나 걱정(기대에 대한 염려)을 하고, 그렇지 않은 날보다 그런 날이 적어도 6개월 이상 더 많다
- 쉽게 피로를 느낀다
- 신경질적이고 과민하게 반응한다
- 수면장애(잠들기 어렵고 길게 자지 못함, 초조함, 불만족스러운 수면)를 겪는다

비앙카는 18세로 고등학교 악대부의 트럼펫 연주자로 활동한다. 연습시간에 그녀는 교실 뒤에서 잠을 자고, 운동장에서 행진연습을 할 때면 나갈 힘이 없어서 언제나 몇 분 늦게 합류한다. 악대부 감독이 행동을 지적하면 그녀는 화를 내면서 뛰쳐나간다. 친구들과 문제가 발생할 때도 그녀는 소리를 지르고 친구들을 때린다.

비앙카의 참여를 유도하기 위해 감독은 다음 공연의 솔로파트를 그녀에게 맡겼다. 하지만 비앙카는 연주를 거부하고 그 솔로파트를 다른 트럼펫 연주자에게 넘겼다. 그녀는 매주 열리는 고교 축구경기 하프타임 때 예정되어 있던 공연에도 나타나지 않았다. 비앙카는 사람들 앞에서 연주하는 것이 싫다고 말한다. 또한 그녀는 너무 피곤해서 경기가 끝날 때까지 남아서 연주할 수 없다며 경기장에 온 지 얼마 되지도 않아 바로 떠나버린다.

전략

작업기억의 정보처리가 가능하도록 스트레스 감소시키기

비앙카는 뛰어난 트럼펫 연주자이지만 사람들 앞에서 연주할 때면 늘 심한 스트레스를 느낀다. 감독은 비앙카가 눈에 띄지 않으면서 다른 연주자들과 조화를 이뤄 음악을 연주할 수 있게 해주었다. 다른 사람들이 자신에게 집중하고 있지 않다고 느끼게 되자 그녀는 실수에 대한 불안감을 덜 느꼈다. 비앙카는 곧 악대부에서 능동적인 파트를 맡게 되었고 자신의 트럼펫 연주능력에 대한 자신감도 높아졌다.

작업기억 부하 줄이기 위해 활동 단축하기

비앙카는 항상 피곤하다고 불평했다. 피로는 연주와 행진능력에 악영향을 끼쳐서 그녀는 악보나 행진스텝을 기억하는 데 자신의 작업기억을 사용할 수 없었다. 이 문제를 해결하기 위해 감독은 행진연습을 하는 동안 비앙카에게 휴식을 허락했다. 서있는 다른 단원들과 달리 비앙카는 연주가 시작되기 전까지 자리에 앉아있을 수 있었다. 휴식 덕분에 그녀는 행진을 하거나 음악을 연주할 때 적극적으로 참여하게 되었고, 결과적으로 악보와 행진스텝을 더 잘 기억할 수 있게 되었다.

언어작업기억에 도움이 되는 사회적 신호나 힌트 사용하기

비앙카는 행진배열이나 악보를 기억하지 못하면 절망해서 연습 도중에 그만둬버렸다. 감독은 점심시간이나 방과 후에 그녀를 불러서 모든 악보를 하나씩 함께 복습하며 연습을 도왔다. 행진스텝까지 모두 복습하고 나자 그녀는 자기 파트를 힘들이지 않고 연주할 수 있게 되었다. 개별지도를 통해 감독은 비앙카가 악보와 행진스텝을 전부 자동화할 수 있도록 도왔다. 이런 과정은 그녀의 수행불안을 크게 줄였고, 몇 주가 지나자 비앙카는 악보 없이도 자신 있게 연주할 뿐만 아니라 밴드에 맞추어 행진도 할 수 있게 되었다.

 SUMMARY

1 핵심 결함

불안장애 학생은 걱정스런 생각들로 꽉 차있다. 걱정은 대단히 침투가 빨라서 부정적인 생각에 주의를 집중하게 되는 '주의편중' 현상을 유발한다.

2 작업기억 특성

불안장애를 가진 어린 학생은 언어작업기억에서 결함을 보인다. 학생이 성장함에 따라 작업기억 결함은 대개 성인기까지도 지속된다.

3 전략

스트레스 감소가 작업기억을 효율적으로 작동하게 돕는 핵심이다. 스트레스 극복을 위한 도구의 개발뿐만 아니라 정보와 과제를 작은 단위로 제공하는 것도 불안장애 학생을 교실이나 사회적 상황에서 온전하게 기능하게 해주는 중요한 전략이다.

9

학생의
전략과 훈련

UNDERSTANDING
WORKING MEMORY

>> 학생중심 학습을 발달시키는 방법

>> 학생의 자기주도적 학습을 장려하는 방법

>> 작업기억 훈련 효과에 대한 증거

학습장애의 가장 힘든 점 중 하나는 명칭 자체가 학생에게 '학습된 무기력(learned helplessness)'을 불러일으킨다는 것이다. 짐은 지금은 전과목 A를 받는 대학생이지만 ADHD(주의력결핍 과잉행동장애)로 진단받았던 초등학교 시절의 경험담을 들려주었다. 이 시기 대부분의 남자아이들처럼 짐 역시 대단히 활동적인 아이였다. 소란스러웠고 친구들과 놀이를 할 때는 거칠었고 수업에 잘 집중하지 못했다. ADHD 진단을 받고 처음 교실로 돌아오던 날 짐은 조용히 자리에 앉아있지 않고 종이뭉치를 던지면서 교실 여기저기를 돌아다녔다. 교사는 제멋대로 행동하는 짐을 그냥 내버려 두었는데 그가 ADHD 진단을 받았다는 사실을 알고 있었기 때문이었다. 그의 학업수행은 갈수록 악화되었다. 짐은 ADHD라는 진단을 위안거리처럼 받아들였다. 과제가 조금만 어려워도 포기하곤 했는데, 교사는 그를 야단치지 않고 이것 역시 내버려 두었다. 대학생이 되자 짐은 자기가 어릴 때 받은 진단이 더 이상 자신을 규정하게 내버려 둘 수는 없다는 자각이 생겼다. 그러면서 공부에 더욱 더 노력을 기울이기 시작했다. 얼마 지나지 않아 짐은 공부를 잘하게 되었고 또래들 사이에서 롤모델(role model)로 인정받게 되었다.

짐뿐만 아니라 이와 비슷한 학생들은 학습에서 무력감을 느끼고, 이런 무기력은 자아존중감에 영향을 미칠 수 있다. 3,000명 이상의 학생을 대상으로 수행된 대규모 연구에서 작업기억에 결함이 있는 학생들은 '해낼 수 있다는 자신감', 즉 자신이 주변에 영향을 미칠 수 있다는 신념이 낮다는 결과가 발견되었다. 이들은 자신이 교실에서 겪고 있는 고통을 자각하고 있고 그 결과 스스로에 대한 자신감을 잃는다. 이런 학생들은 대부분 정서적으로 취약하기 때문에 자신감을 높여주는 다양한 도구에서 도움을 받는다(Alloway et al., 2009).

이 책은 주로 교사가 학생을 지원할 수 있는 방법을 기술하고 있지만, 이 장은 어떻게 하면 학생이 스스로를 도울 수 있는지를 살펴본다. 성공에 대한 책임이 자신에게 있다는 것을 느끼면 학생은 자기신뢰감을 갖게 되면서 우수한 성과를 달성할 수 있다. 학습장애가 자신 또는 자신의 수행을 규정하게 내버려 둘 수 없다는 자각이 생기면, 학생은 점차 타인의 도움으로부터 벗어나려 애쓰게 된다. 이 장은 학생의 자기주도적인 학습을 촉진시키는 방법에 대해 논의한다.

상위자각

상위자각(meta-awareness)은 자신이 무엇을 하고 있고, 왜 하고 있는지에 대한 자각이다. 이는 또한 과제에 적합한 접근을 적용하는 의도적 행위를 의미한다. 학생들은 때로는 한순간에 '학습지대(learning zone)'로 바로 들어가기도 한다. 필기도 잘하고 수학문제도 잘 이해하고 철자시험도 잘 본다. 그러나 또 어떤 때는 제대로 되는 것이 하나도 없다. '상위'자각이 일어나면 학생은 직접적이고 세부적인 학습 맥락에서 한 걸음 물러나서 학습이 잘 될 때와 잘 되지 않을 때를 전체적으로 바라볼 수 있다. 학습이 잘 될 때의 과정을 자각하게 되면 학생은 이 과정을 반복할 수 있고 학습지대 바깥에서보다 그 '안에 들어와서' 더 많은 시간을 보낼 수 있다.

런던에서 특수교사로 근무하는 수잔은 맥스에게 몇 주 동안 문장의 구조를 어떻게 도표화 할 수 있는지 가르치고 나서, 드디어 그가 개념을 이해했을 때 자신이 얼마나 기뻤는지를 얘기했다. 금요일 오후에 수잔은 맥스의 학업에 진전이 있다는 사실에 기분이 좋아져서 퇴근했다. 맥스가 월요일 오전에 똑같은 실수를 반복하는 것을 보았을 때 그녀가 얼마나 실망했을지를 상상해보라. 수잔이 맥스에게 지난 수업에서는 잘했는데 지금 또 다시 어려워하는 이유가 무엇인지 묻자, 그는 모르겠다는 듯 어깨만 으쓱할 뿐이었다.

학생들은 자신이 어떤 단계를 거쳐서 정답에 도달했는지 의식하지 못할 수 있다. 교사는 다음과 같은 질문 형태의 분명한 힌트를 사용하여 맥스와 같은 학생이 계속 성공을 경험할 수 있도록 해야 한다.

단계 1: 어떻게 했나요? 이런 질문을 받으면 학생은 '몰라요' 또는 '그 냥 했어요'라고 말할 것이다. 어떤 전략을 사용하여 과제를 성공적으로 수행했는지를 학생에게 질문하라. 암산에 문제가 있는 학생이 갑자기 '13+17'을 정확하게 계산하면, 어떻게 풀었는지 말로 설명하게 한다. 이들은 '10 더하기 10은 20이고, 3 더하기 7은 10인 것을 알았어요. 그 런 다음 이 둘을 더했어요' 라고 말할 것이다. 그러면 당신은 먼저 십의 자리 숫자를 더하고 그 다음에 일의 자리 숫자를 더하는 방법으로 문 제를 풀 수 있었고, 다른 문제들도 이와 비슷한 방법으로 풀면 된다는 것을 학생에게 확실하게 알려준다.

단계 2: 왜 그렇게 했나요? 단어 철자를 학습할 때 학생이 무의식적 으로 이를 노래로 암송할 수 있다. 이런 일은 흔한데 아마도 처음 알파 벳을 노래로 배운 것과 관련이 있는 것 같다. 이 전략을 사용하여 학습 에 성공한 학생에게 왜 그렇게 했는지를 질문하라. 이들은 다음과 같이 대답할 것이다. '노래로 부르면 기억하기가 쉬워요.' 학생에게 특별한 전략을 사용한 이유를 말로 설명하게 한다.

단계 3: 언제 다시 사용할 수 있나요? 작업기억 용량이 작은 학생의 특징은 특정 전략의 사용을 일회성 활동으로 생각하고, 다른 문제에 적 용할 수 있다는 생각은 하지 못한다는 점이다.

수업과 분명히 관련이 있는데도 이들은 전략을 다른 사례에 일반화하여 사용하지 못한다. 단계 2에서 말했듯이 많은 학생들이 언어보다 노래를 이용할 때 더 잘 기억한다. 이제 학생은 철자를 기억하는 데 음악이 도움이 되는 것 때문에 자신이 음악을 사용한다는 것을 깨닫게 되었다. 지금부터는 학생이 새로 인식한 이 전략을 사용할 수 있는 다른 상황을 떠올리도록 요구한다. 그러면 학생은 역사(연대별 왕의 이름), 수학(구구단), 과학(분류 순위)에 나오는 많은 자료를 노래로 불러서 기억할 수 있다는 것을 인식하게 된다.

단계 4: 얼마나 도움이 되나요? 이 단계가 중요하다. 어떤 전략은 다른 것에 비해 더 효과적이다. 실제로 학생들이 사용하는 전략 중 어떤 것은 오히려 성공적인 학습을 방해한다. 예를 들어, 젬마는 20이 넘는 숫자를 더할 때 숫자를 여러 개의 10으로 잘게 나누는 전략을 사용했다. '74+57'을 풀기 위해 그녀는 '74+10+10+10+10+10+7'로 풀어서 계산했다. 이 전략의 문제점은 시간이 오래 걸리고, 지금까지 더한 10의 개수를 작업기억에 계속 유지해야 한다는 것이다. 젬마에게 이 전략이 도움이 되는지를 묻자 그녀는 십의 자리 숫자를 먼저 더하고 난 다음에 일의 자리 숫자를 더하는 전략이 더 낫다는 것을 스스로 깨달았다. 그 후 젬마는 암산을 더 잘하게 되었다.

부호화: 정보가 입력되는 과정

'부호화(encoding)'는 오감을 통해 외부에서 들어오는 정보를 기억에 저장하기 위해서 이것을 뇌가 다룰 수 있는 신호로 변형시키는 과정을 기술하려고 심리학자들이 사용하는 용어이다. 정보를 부호화하는, 즉 머릿속으로 정보를 집어넣는 최선의 방법은 새로운 정보를 이미 들어있는 기존의 정보와 연결하여 의미 있게 만드는 것이다. 미발(美髮)왕 하랄(Harald)이 노르웨이의 초대 국왕이라는 역사적 사실을 예로 들어 설명해 보자. 이것은 우리의 역사와는 거리가 멀기 때문에 기억하기 매우 어려운 정보이다. 시험을 위해 공부해야 한다면 우리 대다수는 아마 잘 회상해내지 못할 수 있다. 하지만 임의적으로 주어진 정보를 부호화를 통해 의미 있게 혹은 어떤 원칙에 따라 입력하면 그 정보를 훨씬 잘 기억할 수 있게 된다.

장기기억에 연결하기

하랄이 노르웨이의 초대 국왕이라는 사실을 기억하기 위한 첫 번째 단계는 장기기억과 연결하는 것이다. 장기기억은 세상에 대한 우리의 지식이 저장되어 있는 거대한 정보창고이다. 장기기억은 단어의 의미와 단어 간의 상호 관련성 등이 기술되어 있는 마음속 사전을 포함하고 있다. 예를 들면 우리는 애완견이 포유류이고 동물 범주에 속한다는 것을 안다. 장기기억을 상호 연결된 관계에 대한 지도 또는 웹이라고 생각하라. 이 풍부한 자원에 의지하도록 장려하면 학생은 작업기억에 도움이 되는 창의적이고 재미있는 방법들을 생각해낼 수 있다.

하랄로 다시 돌아가 보자. 우리는 이 사실을 머릿속에 집어넣기 위해 장기기억을 이용하여 이야기를 만들기로 한다. 우리가 기억해야 하는 정보는 하랄이 노르웨이의 초대 국왕이라는 사실과 그의 별호가 미발(Fairhair)이라는 사실이다. 학생은 의미기억을 사용하여 선구자(herald, Harald)로 불리는 털이 많은(hairy) 왕(king)이 개최하는 축제(fair)를 마음속에 떠올릴 수 있다. 왕은 파이먹기 대회에서 일등(first)을 한다. 물론 이 이야기가 좀 이상하고 심지어 기괴하기도 하지만 독특하기 때문에 기억이 더 잘 될 수 있다.

범주 단서

또 다른 부호화 방법은 범주 단서(category cues)를 제공하여 기억을 돕는 것이다. 당신이 다음과 같은 새로운 단어-중절모 · 턱시도 · 바지 · 긴 의자 · 샹들리에 · 화장대-를 가르친다고 상상해 보자. 학생에게 관련 있는 항목들을 집단으로 묶도록 요구하고 인출에 도움이 되는 범주 이름을 제시하라. 연구에 의하면 '의복'과 '가구' 같은 범주 단서가 주어지면, 그렇지 않을 때보다 범주와 관련된 단어를 모두 기억할 확률이 두 배나 높다고 한다. 당신은 색상 또는 조리도구(포크 · 숟가락 · 나이프) 같은 범주 단서를 이용할 수도 있다. 새로운 단어 또는 철자를 가르칠 때에도 학생에게 범주에 따라 그룹으로 분류하게 하라.

3의 법칙(텍스트가 길 경우)

학생에게 글을 읽을 때 세 가지 중요한 요점, 즉 하나의 주제와 이를 뒷받침하는 두 개의 세부사항을 생각하면서 읽도록 요구한다. 이렇게 하면 학생은 중요한 정보는 더 잘 인식하면서 덜 중요한 정보는 쉽게 배제하며 읽을 수 있다. 정보처리에 노력을 많이 들인 정보가 기억에 더 선명하게 남는다.

큰 소리로 말하기

학생들이 읽은 내용에 대해서 그룹 단위로 토론할 수 있게 하라. 연구에 의하면 요점 정리한 것을 단순히 그냥 읽는 것보다는 읽은 것에 대해 이야기를 나눌 때 더 많은 정보를 기억할 수 있다고 한다.

인출: 정보를 꺼내는 과정

이제 학생은 머릿속에 들어있는 정보를 꺼내야 한다. 인출(retrieval) 과정에서는 작업기억이 장기기억에서 정보를 검색해서 종이에 적을 정답을 찾아내야 한다.

학습자료를 다시 학습하는 대신 스스로 테스트하기

시험공부를 할 때 대부분의 학생은 기억을 잘하기 위해 자료를 반복적으로 읽는다. 하지만 시험에 대비하는 최선의 방법은 스스로 자신을 테스트해 보는 것이다. 한 연구에 의하면 단순히 자료를 다시 읽으며 복습하는 것보다는 스스로 자기를 테스트하는 경우에 정보를 50퍼센트 이상 더 많이 기억한다고 한다.

가상의 시나리오

학생이 자료를 더 깊게 이해하기를 원한다면 작업기억을 이용해 장기기억에 저장해 두었던 정보를 작업기억으로 다시 불러와 처리하는 (활용하는-옮긴이) 과정을 갖도록 장려하라. 가상의 시나리오를 구성해 보는 것이 바로 이런 처리의 대표적인 예이다. 이와 같은 가상의 활동은 작업기억을 활용해서 새로운 상황 속에서 정보를 상상해 보게 하기 때문이다. 가령, 당신이 토마스 제퍼슨에 대해 가르치고 있다면 학생에게 자신이 토마스 제퍼슨이고 현대로 시간여행을 왔다고 상상해 보게 하라. 이제 학생은 초콜릿 아이스크림과 바닐라 아이스크림을 두고 선호의 차이를 보이는 두 집단의 갈등을 제퍼슨의 정치적 기술을 이용해서 해결해야 한다. 제퍼슨이라면 이 딜레마를 어떻게 해결했을 것 같은지를 물어보라. 이 질문에 답하려면 학생은 제퍼슨에 대해 알고 있는 지식을 활용하여 흥미로운 방식으로 문제를 해결해야 한다.

다리 놓기

임의의 정보를 기억하는 가장 좋은 방법은 새로운 정보와 장기기억 사이에 다리를 놓는 것이다. 도미니크 오브라이언(Dominic O'Brien)은 세계기억챔피언대회(World Memory Championships)에서 여덟 차례나 우승했고 기네스북에도 여러 차례 오른 기록을 보유하고 있다. 그의 놀라운 장기 중 하나는 단시간 내에 53장의 카드를 암기하는 것이다. 나는 오브라이언이 5세와 16세 학생들에게 다리 놓기 전략을 가르치는 것을 관찰한 적이 있다.

그는 먼저 학생들에게 다음과 같은 임의의 단어 목록 -폭탄 · 헬륨 · 베릴 · 석탄- 등을 제시하였다. 대부분의 학생들이 단어를 모두 기억하는 것을 힘들어했고, 점심시간이 되자 일부 학생만이 목록에서 겨우 3개의 단어를 기억할 수 있었다. 오브라이언은 학생들에게 다음과 같은 이야기를 들려주었다.

어느 날 밤 당신이 침대에서 자고 있는데 폭발소리가 크게 들렸어요. 폭탄 터지는 소리 같았어요. 아무런 대처도 못하고 가만히 있는데 지상에 밝은 빛을 비추는 헬륨기구가 하늘에 떠 있는 게 보였어요. 범인을 추적하고 있는 게 아니었을까요. 조명이 당신의 방 쪽으로 움직이는 것 같다가 멈추더니 옆집 베릴의 집을 비추었어요. 당신은 폭탄이 또 터질까봐 걱정이 되어서 집을 빠져나와 정원에 숨었어요. 누군가 통로 한가운데 석탄이 든 큰 가방을 내버려둔 바람에 당신은 어둠 속에서 넘어졌어요.

이야기가 계속될수록 학생들은 이야기에 빠져들었다. 이야기가 끝나고 오브라이언은 목록의 단어들이 화학 주기율표 앞부분에 나오는 원소들 -폭탄(수소) · 헬륨 · 빛(리튬) · 베릴(베릴륨) · 석탄(탄소)-의 이름이라고 말해주었다. 그러자 학생들은 그 이야기를 떠올려서 단어들을 쉽게 기억할 수 있었다. 놀랍게도, 일과가 끝날 무렵 학생들은 15개의 단어를 정확한 순서로 기억하고 심지어 반대 순서로도 말할 수 있게 되었다.

생활습관

일상의 작은 변화가 학습에 큰 효과를 만들어낼 수 있다.

식습관

학생이 통제할 수 있는 가장 중요한 것 중 하나가 입에 넣는 음식이다. 다시 말해서, 무엇을 먹는가에 따라 학생들의 생각이 달라진다. 뇌는 우리가 섭취하는 음식을 토대로 구축되기 때문이다.

트랜스 지방 vs. 오메가-3. 트랜스 지방 같은 '정크푸드(건강에 해로운 것으로 여겨지는 패스트푸드나 인스턴트 음식-편집자)'를 지속적으로 섭취하는 학생은 학교공부에 어려움을 느낀다. 이와 대조적으로 오메가-3처럼 좋은 지방을 주로 섭취하는 학생의 뇌는 공부할 준비가 되어 있다고 볼 수 있다(Northstone et al., 2011).

트랜스 지방이 뇌에 해로운 이유는 이것의 분자 모양과 딱딱함 때문이다. 트랜스 지방은 '딱딱한' 쇠로 된 지렛대와 비슷하다. 이는 '구부러지는' 둥근 스프링 모양을 하고 있어서 상대적으로 유연한 오메가-3와 대조를 이룬다. 뇌를 구성하는 뉴런은 우리가 섭취하는 지방으로 만들어진다. 신체는 오메가-3와 같은 유연한 지방으로 만들어진 뉴런을 훨씬 선호하지만, 트랜스 지방을 주로 섭취하게 되면 넘겨줄 게 그것뿐이기 때문에 그 트랜스 지방으로 뉴런을 만들게 된다.

작동 중에 있는 뇌는 여러 뇌 부위(예컨대, 작업기억이 위치한 전전두피질)와 이들을 구성하고 있는 뉴런 사이를 통과하는 생각들의 아주 작은 전기폭풍과도 같다. 전기신호가 뉴런 사이를 이동하려면 세포벽의 작은 터널을 통과해야 한다. 유연한 지방으로 만들어진 뉴런은 터널도 유연하기 때문에 모양을 신속히 바꾸어 전기적 신호를 받아들일 수 있다. 이와 반대로 딱딱한 지방으로 만들어진 터널은 신호에 잘 적응하지 못한다. 정크푸드를 과잉섭취하면 왜 생각을 잘 하지 못하는지 궁금했었다면, 나쁜 지방이 뉴런을 손상시키기 때문이라는 그 이유를 이제 알게 되었을 것이다.

플라보노이드. 플라보노이드(Flavonoids)가 많이 들어있는 음식은 작업기억에 도움을 준다. 플라보노이드는 식물에서 발견되는 강력한 항산화물질이다. 이것은 필요한 부위에 혈액을 공급하여 뇌에서 혈액 순환을 증가시킨다. 또한 뉴런을 손상시키는 신경염증을 조절하고 뉴런의 재생을 돕는다. 플라보노이드가 풍부한 음식으로는 각종 베리류(블루베리 · 블랙베리 · 라스베리), 다크초콜릿(70퍼센트 이상 카카오 함유), 자두, 시금치, 케일이 있다. 한 연구에 의하면 플라보노이드는 작업기억 성능을 향상시킨다(Macready et al., 2009). 따라서 자녀의 뇌 기능을 촉진시키기 위해 한 조각의 초콜릿이나 한 컵의 베리를 간식으로 주도록 부모님들에게 당부하라.

우유를 마시자! 우유는 몸에만 좋은 것이 아니라 뇌에도 좋다. 적당량의 우유, 요거트, 치즈 같은 유제품은 작업기억에 도움이 된다. 유제품 섭취가 아동의 인지를 향상시키는지는 더 많은 연구를 통해서 검증되어야 하지만, 젊은이와 노인의 인지에는 도움이 된다는 연구결과가 나와 있다(Crichton et al., 2012). 다른 한편으로 우유에는 한창 성장하는 학생에게 필요한 칼슘과 단백질이 풍부하다.

균형 찾기. 교사는 학부모를 설득해 자녀에게 뇌에 좋은 음식을 주도록 해야 하지만, 가장 중요한 것은 적절한 균형을 찾는 것이다. 학생이 인지에 도움이 되는 음식을 먹으면 그렇지 않을 때보다 교실에서의 수행이 더 좋다는 것을 알게 될 것이다. 그렇지만 가끔의 일탈이 없다면 삶이 너무 지루할 것이다. 피자 몇 조각, 과자 한 봉지, 도넛 한 개, 햄버거 한 개가 아동의 작업기억을 망가뜨리지는 않는다. 하지만 이런 음식들로만 이루어진 식사는 뇌에 부정적인 영향을 미친다. 학부모와 학생이 학교에서의 수행에 유익한 음식과 해로운 음식에 대해 잘 알아야만 더 나은 음식을 선택하고 균형 잡힌 식습관을 가질 수 있다.

수면

아동이 침대에서 충분한 수면을 취할수록 작업기억은 더 좋아진다. 수면은 작업기억에 큰 도움이 된다(Whitney & Rosen, 2012). 오늘날 우리는 태블릿, TV, 휴대폰, 비디오게임, 오락에 쉽게 접근할 수 있는 초연결 세계(hyper-connected world)에 살고 있다. 불행하게도 아동의 방 역시 밤늦게까지 스크린의 푸른 불빛에 노출되어 있다. 이것은 수면 시간을 상당히 감소시킨다. 아동이 충분한 수면을 취하지 않으면 수학과 언어 영역을 비롯하여 뇌의 핵심 영역들의 기능이 정지되기 때문에 학업수행에 어려움을 겪는다. 설사 작업기억이 위치하고 있는 전전두피질의 기능은 정지되지 않는다고 하더라도, 문제가 발생한 다른 영역들을 대신해서 불가피하게 작업기억이 개입해야만 한다. 이때 작업기억은 이중 임무를 수행하는 위치에 놓인다.

당신이 연극 〈햄릿(Hamlet)〉의 주연을 맡았다고 가정해 보자. 다른 배우들은 그 전날 밤에 회식에 참석한 것 때문에 피곤해서 나타나지 않고 있다. 공부를 하지 않았다고 해서 시험을 안 볼 수 없듯이 배우가 피곤하다고 해서 공연을 취소할 수는 없기 때문에 공연은 당연히 시작된다. 이제 당신은 원래 맡았던 햄릿 역할뿐만 아니라 오지 않은 다른 배우들을 대신해서 오필리아, 어머니, 왕 역할도 맡아서 연기해야 한다. 당신은 햄릿을 정말 훌륭하게 연기할 수 있었지만 여러 역할을 맡아야 했기 때문에, 당신의 연기는 형편없게 되고 만다. 이와 마찬가지로 학생의 작업기억이 최고의 성능으로 작동하길 원한다면, 모든 배우가 자신의 역할을 잘 연기할 수 있도록 해주는 것처럼 이들의 뇌도 푹 쉬게 해주어야 한다. 학년에 따라 학생들에게 필요한 적정 수면시간은 다음과 같다.

- 학령전기에서 유치원(4-6세): 12시간

- 초등학교(7-13세): 10시간

- 중고등학교(14-18세): 9시간

수면의 중요성은 아무리 강조해도 부족하다. 학생의 뇌 전체가 수업에 온전히 참여할 수 있도록 교사는 '잠자기 숙제'를 내주어서라도 학생이 충분한 잠을 자도록 장려하는 것이 좋다.

교실에서의 기술 활용

기술이 작업기억의 성능을 약화시키고 있을까? 우리는 워드프로세스에 의존해 어법에 맞는 표현을 찾고, 스마트폰으로 약속을 확인하고, 전화번호를 외울 필요가 없이 단축키를 사용해 전화를 걸고, 간단하게 마우스 클릭 하나로 모든 정보를 손쉽게 구할 수 있다. 이런 문명의 이기를 누리는 것과는 반대로 우리가 잃어가는 것은 없을까? 일상에서 페이스북 같은 소셜 미디어가 우리의 작업기억 능력을 저하시키고 있지는 않을까? 실제로는 그 반대일 수 있다. 기술은 우리의 작업기억에 놀라울 정도의 향상을 가져다줄 수 있다.

페이스북은 가장 인기 있는 소셜 네트워크 사이트 중 하나로 3억 명 이상의 사람들이 일상적으로 사용한다. 이런 기술은 5세 이후로는 본 적이 없는 사람을 만나게 해주는 신기함 말고도 사회적 유대감을 촉진시킨다. 타인과 단절된 사람들은 외톨이가 되어서 교육과 고용의 혜택도 받지 못한다. 연구에 따르면 친구와 만나거나 전화통화로 많은 시간을 보내는 노인의 기억력이 외롭게 지내는 노인보다 훨씬 더 좋다.

기술은 빠르게 발전하고 소셜 네트워크 사이트를 이용하는 학생들의 수도 점점 늘고 있다. 이것은 교육에 어떤 영향을 미치고 있을까? 이것이 작업기억을 향상시킬 수 있을까? 이 질문에 대한 답을 얻기 위해 고등학생(15-17

세)을 대상으로 연구가 수행되었다(Alloway, Horton et al., 2013). 질문지를 통해 페이스북 같은 소셜 네트워크 사이트를 얼마나 오랫동안 사용하는지 물어 보았다. 또한 학생의 IQ, 작업기억, 학업성취도(언어와 수학)를 측정했다. 페이스북을 정기적으로(하루에 한 번) 사용하는 학생이 그렇지 않은 학생보다 작업기억과 언어성적이 더 우수했다. 이들의 작업기억 점수가 더 좋은 이유는 페이스북 사용과 작업기억 사이의 관련성 때문으로 보인다. 예를 들어, 페이스북에 로그인을 하면 사용자는 정보의 우선순위를 정하고, 자신과 관련이 있는 것과 없는 것이 무엇인지 결정을 내리고, 마지막으로 이 정보를 기반으로 행위를 계획한다. 이런 과정에 참여할 때마다 학생은 '미니 작업기억 운동'을 하고 있는 것과 같다. 이 연구결과는 소셜 네트워크 사이트를 교육프로그램에 통합하여 사용하는 학교에게는 반가운 소식일 것이다.

작업기억 훈련

이 책은 교실에서 작업기억을 지원하기 위한 여러 전략, 다시 말해서 학습을 위한 발판을 제공하고 있다. 학교나 학회에서 강연을 할 때마다 언제나 나오는 질문이 작업기억 크기를 증가시킬 수 있는가이다. 오랫동안 심리학자들은 작업기억의 크기가 고정되어 있고 변하지 않는다고 생각했다. 그러나 최근의 흥미로운 연구에 따르면 우리의 뇌는 훈련이 가능하고 따라서 작업기억은 향상될 수 있다.

이에 부응하여 지난 5년에서 10년 동안 두뇌훈련용 제품들이 우후죽순으로 쏟아져 나왔고 일부는 실제로 학교에서 활용되고 있다. 훈련프로그램의 효과를 비롯하여 관련 연구들을 평가할 때 다음 세 가지 핵심 사항은 반드시 살펴보도록 한다.

1. 통제집단. 통제집단은 실험연구에서 새로운 처치(treatment)의 성과 및 효과를 비교하기 위해 아무런 처치를 하지 않거나 표준적인 처치(standard treatment)를 받는 집단을 의미한다. 통제집단은 실험집단과는 다른 처치를 했기 때문에 훈련프로그램의 효과가 나타나지 않았다는 것을 확인시켜주는 역할을 한다. '아무 것(anything)'도 하지 않는 통제집단을 사용하는 연구도 있다. 이렇게 시작하는 것도 좋은 방법이기는 하지만 이상적인 통제집단은 '무언가(something)'를 하지만 훈련프로그램(예컨대, 읽기 또는 컴퓨터게임)과는 다른 것을 수행하는 집단이다. 따라서 표준적인 처치를 하는 통제집단과 훈련프로그램을 도입한 실험집단을 비교한 연구결과들을 살펴볼 필요가 있다.

2. 전이효과. 훈련프로그램에 참가한 뒤에 그 게임 자체에서 수행이 좋아지는 것을 넘어서 다른 것에서도 수행의 향상이 나타나는 것을 '전이효과(transfer effects)'라고 한다. 어떤 것 하나를 연습하면 당연히 그것에서의 수행은 좋아진다. 이것은 '연습효과(practice effects)'이다. 두뇌훈련프로그램의 긍정적인 효과가 실제 세계의 다른 활동으로 전이될 수 있을까? 즉, 훈련을 받은 것 때문에 훈련받은 게임 이외에 다른 것에서도 더 잘하게 될 수 있을까?

3. 유지효과. 훈련프로그램의 효과는 얼마나 오래 지속되는가? 훈련의 효과가 훈련기간을 넘어 계속되는지를 살펴보는 것이 중요하다. 모든 연구가 후속연구나 사후점검과정을 포함하고 있지는 않다. 따라서

당신은 훈련프로그램의 효과가 하루 또는 일주일 이상 지속되는지 알지 못할 수도 있다.

여러 다른 프로그램들은 이런 기준에 어떻게 대응하고 있을까? 여기서는 전 세계적으로 학교에서 주로 사용되고 있는 일부 프로그램만을 간단히 소개한다.

두뇌훈련을 위한 컴퓨터게임

뇌 기능 향상을 목적으로 개발된 컴퓨터게임에 많은 관심이 쏟아지고 있다. 이런 게임들이 재미는 있지만, 정말로 학습을 향상시킨다는 증거는 있는 것일까? 한 연구에서 학생들을 대상으로 닌텐도 두뇌훈련게임과 종이와 연필을 사용하는 퍼즐게임 사이의 학습효과를 비교해 보았다. 연구자들은 두 게임 사이에서 어떤 차이점도 발견하지 못했다. 추적연구 결과에 의하면 6주 동안의 컴퓨터게임에도 불구하고 1학년과 2학년(평균연령 10세) 학생들의 작업기억 점수는 향상되지 않았다 (Lorant-Royer et al., 2008, 2010). 즉, 전이효과는 나타나지 않았다.

작업기억 훈련프로그램

작업기억 훈련프로그램의 종류는 좁은 범위와 넓은 범위의 훈련프로그램으로 두 가지가 있다. 운동을 예로 들어 이 두 프로그램의 차이를 이해해 보자. 좁은 범위의 프로그램은 팔근육의 발달을 위해 이두운동을 하는 것처럼 특정 부위의 향상만을 목표로 한다. 이와는 대조적으로 넓은 범위의 프로그램은 전체적인 심혈관 건강을 위해 달리기를 하는 것처럼 광범위한 적용을 특징으로 한다.

좁은 범위의 훈련프로그램. 이런 작업기억 훈련프로그램은 작업기억 검사와 매우 비슷하다. 가령, 학생에게 숫자를 거꾸로 기억하게 하거나 점의 위치를 거꾸로 기억하도록 요구한다. 이런 좁은 범위의 훈련으로 작업기억이 향상될 수 있을까? 연구결과에 따르면 일부 학생들의 작업 기억 점수가 상승하기는 했지만 이것은 단지 연습효과일 수 있다. 몇 주 동안 '숫자 거꾸로 기억하기'를 반복한다면, 숫자를 거꾸로 기억하는 검사에서 당연히 더 나은 수행을 보일 것이다. 또한 일부 프로그램은 훈련이 끝나고 나서도 성적이 향상되지 않아서 그 전이효과를 발견할 수 없었다. 즉, '검사를 위한 훈련'을 권하는 훈련프로그램은 오래 지속되는 학습효과를 유발하지 못한다.

넓은 범위의 작업기억 훈련프로그램. 이런 프로그램은 핵심 학습 기술을 적용하는 맥락에서 작업기억을 훈련시킨다. 한 연구(Alloway, 2012)에서 학습장애 학생들을 모집하였다. 이들 중 절반은 로스(Ross)가 개발한 정글메모리(Jungle Memory™)라는 작업기억 훈련프로그램에 참여했고, 나머지 절반은 특정 목표에 집중적인 교육지원을 받는 능동적인 통제집단에 속했다. 연구를 시작하기에 앞서 학생들의 기억력, IQ, 학업성취도를 측정했는데, 두 집단의 학생들은 이 모든 인지검사에서 비슷한 수준의 수행을 보였다. 이것은 매우 중요하다. 왜냐하면 나중에 수행향상이 확인된다면 이는 두 집단의 출발선이 다른 것에 기인하는 것이 아니라, 오직 훈련의 결과라는 점을 의미하기 때문이다.

도표 9.1은 통제집단과 훈련집단에서 사전검사와 사후검사 사이의 점수차이를 보여준다. 0 아래의 점수는 8주 후의 검사에서 점수가 더 나빠졌음을 의미하고, 0 위의 점수는 8주 후에 집단의 수행이 향상되었음을 의미한다.

결과는 극적이었다. 작업기억 훈련을 받지 않은 능동적인 통제집단

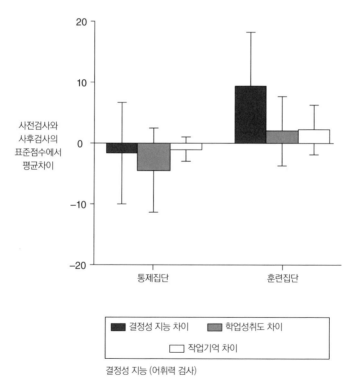

도표 9.1 작업기억 훈련의 효과

은 수행이 그다지 좋지 않았다. 이와 반대로 훈련집단은 작업기억 과제 뿐만 아니라 학습성과에서 결정적인 증가가 나타났다. 예를 들면, 언어 기반 검사에서의 점수는 거의 10점이나 상승했다. 이 점수는 유의미한 것일까? 그렇다. 이 점수는 8주 동안의 훈련으로 성적이 B에서 A로 또는 C에서 B로 오른 것과 같은 것이다. 이것은 표준학업검사로서 훈련의 전이효과를 보여준다.

작업기억 훈련 후에 일어나는 학습성과의 향상은 지난 50년 동안 IQ점수의 꾸준한 증가를 의미하는 '플린효과(Flynn effect, 시간이 지날수록 세대들의 IQ검사 평균성적이 계속 높아지는 현상-옮긴이)'와 비교될 수 있다. 하지만 IQ점수의 증가는 훨씬 작다. 다시 말해서, IQ점수는 10년마다 평균 3점씩 상승한다. 8주 작업기억 훈련 후의 점수증가를 IQ점수의 증가와 비교하면, 수학(3점)에서는 동일하지만 철자(8점)에서는 훨씬 많이 증가했다.

한 가지 의문은 학생이 작업기억 훈련을 받지 않고도 이런 향상을 보일는지 모른다는 것이다. 이에 대한 답은 8-10세 사이의 학습장애 아동들을 2년 동안 추적한 이전 연구(Alloway, 2009)에서 찾을 수 있다. 모든 학생이 이 기간 내내 개별화교육을 지원받았다. 2년이 지나고 측정한 이들의 학습능력은 또래에 비해 하위 10퍼센트에 속해 있었다. 이 결과는 부족한 작업기억을 가진 학생에게 적절한 작업기억 지원과 훈련이 제공되지 않으면, 이후로도 또래를 따라잡을 수 없음을 보여준다.

100여 명의 학생들을 대상으로 한 후속연구는 정글메모리의 효과가 8개월 후에도 지속된다는 결과를 보여주었다(Alloway, Bibile, et al., 2013). 이 연구에서도 능동적인 통제집단이 사용되었다. 정글메모리로 정기적인 훈련을 받은 학생들은 일주일에 한 번 훈련받은 학생들보다 작업기억 점수가 5배 이상 향상되었다. 언어와 수학에서도 상당한 향상이 있어서 전이효과도 검증할 수 있었다. 정글메모리가 작업기억뿐만 아니라 더 중요한 학업성적을 향상시킨다는 것이 증명된 것이다.

　가장 흥분되는 뉴스는 8개월 뒤에 나왔다. 즉, 동일한 학생들을 재검사했을 때 아무도 이 기간 동안 훈련을 받지 않았음에도 불구하고 이 모든 향상이 그대로 유지되고 있었다. 이런 유지효과는 이 학생들의 작업기억 향상이 오래 지속되었음을 의미한다.

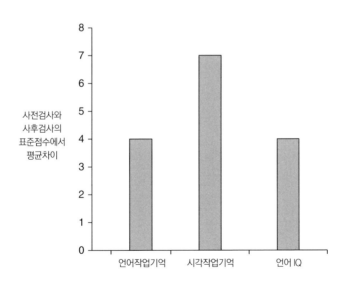

도표 9.2 성인 작업기억 훈련의 효과

난독증에 관한 파일럿연구에서는 정글메모리로 작업기억 훈련을 받은 난독증 성인의 경우 작업기억과 언어IQ점수에서 유의미한 향상이 발견되었다. 도표 9.2는 이들의 향상을 보여준다. 숫자가 클수록 많이 향상되었다는 의미이다(표준점수 사용). 다른 많은 파일럿연구가 진행 중에 있지만, 지금까지의 연구는 적절한 작업기억 훈련을 제공하면 학생의 향상된 작업기억 성능이 지속될 수 있음을 입증한다.

결론

필자가 영국에서 일할 때 만났던 귀여운 열 살 아이 재스민의 이야기로 이 책을 마무리 하고자 한다. 다른 어린 소녀와 마찬가지로 재스민도 학교생활에 적응하려고 필사적으로 노력했다. 하지만 재스민은 교사의 지시사항이나 교재를 기억하지 못해서 반 친구들을 따라갈 수 없었다. 영국 TV프로그램과의 인터뷰에서 재스민은 이렇게 말했다. '너무 힘들었어요. 선생님이 말씀하시는 대로 할 수가 없었고, 저 자신이 형편없이 느껴질 뿐이었어요.' 재스민의 엄마는 '학교는 언제나 재스민을 바보로 느끼게 만드는 곳이었어요.'라고 말했다. 재스민은 뭘 해야 하는지 생각나지 않아서 혼자 방에서 울고 있다가 엄마에게 들키는 날도 많았다. 다음 날 학교에 가기 위해 책가방을 챙기는 간단한 일조차도 그녀에게는 버거워 보였다.

학교 심리상담사가 재스민을 평가하고 재스민의 작업기억이 하위에 속한다는 사실을 확인했다. 이 정보를 가지고 그녀의 엄마는 해결책을 찾기 시작했고 정글메모리를 알게 되었다. 재스민이 여름 동안 이 프로그램을 사용하고 9월에 학교에 돌아왔을 때 교사는 깜짝 놀랐다. 교사는 재스민이 완전히 다른 아이가 되어서 그녀가 학습장애가 있었다는 사실을 알아차리지 못할 정도라고 말했다. 재스민은 더 이상 특수교사의 도움이 필요 없게 되었고 성적도 향상되었다.

그녀의 엄마는 재스민이 집에서도 몰라보게 좋아졌다고 말한다. 재스민은 더는 좌절감을 느끼지 않고 과제를 완수할 수 있게 되었다. 학교 심리상담사가 재스민을 다시 검사했을 때 그녀의 IQ는 동일 연령 집단의 상위 10퍼센트에 속했고 작업기억은 평균수준으로 향상되었다.

재스민의 엄마는 다음과 같이 말했다.

눈 깜짝할 사이에 좋아진 재스민의 모습을 보면 감격스러워요. 모두 정글메모리 덕분이에요. 재스민의 기억력이 계속해서 좋아지고 있어요. 지난주에는 학교에서 기억인증서를 받아왔는데 생각할수록 웃음이 나와요. 기억능력으로 칭찬을 받은 적이 지금까지 한 번도 없었거든요.

재스민 자신도 이렇게 말한다. "기억력이 좋아져서 구구단도 더 잘 외울 수 있어요. 선생님도 '와! 정말 많이 좋아졌구나!' 라고 말씀하셨어요."

놀라운 소식은 재스민이 유일한 사례가 아니라는 것이다. 작업기억 지원을 받고 나서 학생의 작업기억과 성적이 향상되었다고 보고하는 교사와 학부모가 증가하고 있다. 이런 결과는 학습장애 학생들에게 진정한 희망을 주는 것이기 때문에 너무나 흐뭇하다. 개별화 전략과 적절한 작업기억 훈련으로 우리는 학생들의 삶을 바꿔줄 수 있게 된 것이다.

SUMMARY

1 상위자각이 발달하면 학생들은 인지도구상자 안에 있는 도구를 사용하는 방법과 자기주도적 학습을 촉진하는 방법을 알게 된다.

2 장기기억은 거대한 정보창고이며 새로운 정보를 학습할 때 일종의 닻처럼 사용할 수 있다.

3 식습관과 수면과 같은 생활습관의 작은 변화가 작업기억 수행에 엄청난 영향을 끼칠 수 있다.

4 정글메모리와 같은 일부 작업기억 훈련프로그램은 작업기억, IQ, 성적의 향상을 가져온다. 이런 훈련프로그램의 효과는 오래 지속되는 것으로 밝혀졌다.

학습과 작업기억 지원을 위한
학교기반 프로그램

킴 필립스 그랜트

작업기억에 문제가 있는 학생들을 발견하고 지원했던 경험에 대한 원고요청을 받았을 때 신나기도 했고 걱정도 되었다. 내가 신이 난 이유는 학교에서 우리가 하고 있는 일을 공유하고 싶은 마음이 컸기 때문이다. 하지만 다른 한편으로는 나의 열정을 어떻게 전달해야 할지 생각하니 걱정도 되었다. 결국 경험을 함께 나누고 나의 작업기억 여행에서 다른 교사들과 심리학자들이 조금이나마 도움을 얻을 수 있기를 바라는 것이 최선이겠다는 결론에 이르렀다.

작업기억 여행

학교 심리상담사로 일할 때 우연히 작업기억에 발을 들여놓게 되었다. 학습장애를 평가하다가 읽기와 수학에 장애가 있는 학생들은 대체로 수업내용도 잘 기억하지 못한다는 사실을 알게 된 것이다. 문득 궁

금해졌다. 이 아이들의 낮은 학업성취와 작업기억 장애 사이에 어떤 관계가 있는 것일까? 이에 대한 답을 찾아 연구를 시작하게 되었다. 트레이시 앨로웨이(Tracy Alloway) 박사와 동료들을 비롯하여 밀턴 덴(Milton Dehn) 박사, 토르켈 클링버그(Torkel Klingberg) 박사와 같은 작업기억 리더들의 연구를 찾아 보았다. 이들의 논문과 저서를 읽고 나니 학습에서 작업기억의 역할을 이해할 수 있게 되었고, 몇 년이 지나자 작업기억에 관해 많이 알게 되었다. 나는 작업기억 장애 학생을 평가하고 선별하는 데 도움을 줄 재원을 찾기 시작했다. 학교에 팀이 꾸려지고 작업기억에 문제를 가진 학생을 위한 일반교육지원과 특수교육지원이 시작되었다.

여기서 잠깐, 당시에 교육과 작업기억에 관해 내가 무엇을 알고 있었는지 말하고 싶다. 이 작업기억 여행이 시작될 즈음 작업기억에 대한 나의 유일한 지식은 우드콕존슨 III 인지능력검사(Woodcock-Johnson III Cognitive abilities, WJ Cog)나 웩슬러 아동용 지능검사(Wechsler Intelligence Scale for Children, WISC-V)에서 작업기억을 평가하는 방법이 전부였다. 나는 석사과정 동안 작업기억이 학습에서 하는 역할에 대해 어떤 교육도 받은 적이 없었는데 이것은 동료들도 마찬가지였다. 작업기억이 얼마나 소중한지 그 중요성을 인식하게 된 것은 현장에서 일하면서부터였다. 학교에 작업기억 장애 학생들을 도울 수 있는 전문가가 없는데 이 학생들이 어떻게 선별적 도움을 받을 수 있을까? 이 질문은 교사를 도와 학습장애 학생을 발견하고 교실중재프로그램을 개발해야 하는 학교 심리상담사들에게 특히 중요하다.

우리는 작업기억이 기초 읽기능력, 읽기이해, 수학연산, 수학문제풀이, 쓰기표현, 구두표현, 듣기이해와 밀접한 관련이 있다는 것을 잘 알고 있다. 이 학습능력은 특수 학습장애의 특수교육 범주에 속하는 8개 장애 분야 중 7개를 보여준다. 특수교육 대상 여부를 평가할 때 학교 심리상담사는 학생의 작업기억 능력을 필수적으로 검사한다. 하지만 대부분의 특수교육 담당자들은 작업기억을 학습장애의 일부로 보고 있지 않으며, 작업기억 결함에 대처하기 위한 증거기반 중재에 대한 인식도 없다. 결과적으로 많은 작업기억 장애 학생들이 확인되지 않은 채 방치되어 학습전략을 배우지 못하고 있다. 이들은 실패를 줄이고 학습의 기회를 최대로 활용할 수 있는 서비스를 받을 기회를 놓치고 있는 것이다. 이런 현실이 나를 특수교육 담당자들을 돕는 지원프로그램의 개발로 이끌었다. 지원프로그램의 목표는 다음과 같다. (1) 학습에서 작업기억의 역할을 이해한다 (2) 조정과 중재를 통해 교실에서 작업기억을 지원한다 (3) 특수 검사도구를 사용하여 작업기억 장애를 평가한다 (4) 작업기억을 겨냥한 특수교수법을 개발한다.

작업기억 연구비

이런 목표를 달성하기 위해 나는 작업기억 장애 학생들을 돕는 평가도구와 중재프로그램 개발에 필요한 연구비 지원을 지역사회단체에

신청했다. 5,000달러의 연구비를 받게 되었다는 소식을 들었을 때 학교 심리상담사로서 나 자신이 너무나 자랑스러웠다.

특수교육팀의 도움으로 작업기억 선별, 중재, 평가절차를 연구하고 개발하는 위원회를 구성할 수 있었다. 이 위원회에는 심리학자, 자료교사, 언어병리학자가 포함되었다. 작업기억과 학업성취를 목표로 개별화교육계획(Individual Education Plan, IEP)을 실행할 수 있는 자격을 갖추고, 최종적으로 학생과 함께 일하는 모든 전문가들이 프로그램 개발에 참여한다는 것은 중요했다.

작업기억 온라인 회의와 발표

작업기억 위원회 회원들과 특수교육 담당자들은 트레이시 앨로웨이 박사를 비롯하여 많은 전문가로부터 2년에 걸친 광범위한 교육을 받았다. 교육은 온라인 세미나와 오프라인 강의로 이루어졌고 다음과 같은 주제가 다루어졌다.

- 작업기억 이론
- 작업기억, 여타 심리과정, 학업 간의 관계
- 작업기억 평가와 선별
- 작업기억 조정과 중재

그런 다음 우리 위원회는 초등학교 교사들에게 여러 다양한 훈련을 제공했다. 교사들의 피드백은 우리에게 많은 용기를 주었다.

- 처음 듣는 새로운 정보이지만 정말 필요한 정보네요. 학생들에게 적용해 볼 수 있을 것 같아요!
- 비슷한 특징을 보이는 학생이 반에 있어요!
- 강연을 듣는 동안 작업기억에 문제가 있는 학생 한 명이 떠올랐어요. 전에는 한 번도 생각해 본 적이 없었는데 정말 도움이 많이 되네요!
- 지금부터 학생을 관찰하고 이 정보를 사용해서 작업기억 결함과 특징을 살펴 보려고 해요. 중재프로그램을 적용하기 전에 먼저 작업기억 장애가 있는 학생을 이해해야 할 것 같아요. 중재를 시도하기가 불안해요!
- 중재프로그램으로 좋아질 수 있을 것 같은 학생 몇 명이 벌써부터 떠오르네요.
- 좋은 정보예요. 작업기억에 문제가 있는 것 같은 학생들에게 일부 지원전략들을 사용해 보려고 해요.

작업기억 선별

작업기억 장애를 확인하는 데 사용한 표준화 검사는 작업기억평가척도(WMRS)와 작업기억자동평가(AWMA)이다. 작업기억자동평가는 언어작업기억, 시공간작업기억, 단기기억 측정치를 제공해주기 때문에 학생의 작업기억 능력에 대한 정보를 상세히 알 수 있다. 작업기억 지표가 제공되고 있는 대부분의 인지검사(예컨대, 우드콕존슨 III 인지능력검사나 웩슬러 아동용 지능검사)는 청각작업기억만 측정한다. 따라서 작업기억자동평가는 학생의 강점과 약점을 정확하게 알려줄 가능성이 더 크다.

개별화교육계획

작업기억에 문제가 있고 특수 학습장애를 가진 것으로 확인된 학생들은 특수교육서비스를 받게 된다. 특수교육프로그램에는 인지훈련과 전략교수가 포함되었다. 우리는 인지훈련프로그램으로 로스 앨로웨이(Ross G. Alloway) 박사가 개발한 정글메모리(Jungle memory™)를 사용했다. 학생은 이 프로그램을 일주일에 4회 내지 5회, 15분에서 20분 동안 수행한다. 프로그램을 마치고 나면 전략교수프로그램이 이어진다. 다음은 우리 프로그램에 참여했던 한 학생의 사례이다.

사례연구 존

존은 어릴 때부터 학습에 문제를 보였다. 부모의 말에 따르면 존의 학습장애 징후는 학교에 들어가기 전부터 나타났다. 초등학교 시절 그는 여름학교에 다니면서 읽기와 언어 개인교습을 받았다.

존은 언어장애 범주의 특수교육서비스 대상자로 확인되었다. 그는 3년이 넘는 기간을 언어능력 향상을 겨냥한 서비스를 받았다. 하지만 그의 학업장애가 계속되었기 때문에 3년에 한 번 실시되는 개별화교육계획(Individual Education Plan, IEP) 검토에서 학업에 부정적인 영향을 미치는 다른 심리적 약점이 존재하는지를 알아내기 위한 인지평가가 실시되었다. 평가결과 일부 언어능력에서의 강점과 단기기억, 작업기억, 정보처리속도, 추론능력에서 약점이 발견되었다.

인지훈련: 정글메모리

존은 정글메모리(Jungle memory™)가 목표로 하는 기술들에서 놀랄만한 발전을 보였다. 이 프로그램을 마치고 나서 존의 어머니와 교사는 다음과 같이 말했다.

- 존의 학업에 올해 많은 진전이 있었어요. 혼자서 숙제도 잘하고 이제 전체 철자 목록을 배우려고 해요. 우리가 옆에 앉아서 도와주는 것이 존에게 동기부여가 되는 것 같아요. (어머니)
- 존의 수학능력이 좋아졌어요. 그의 최대 강점은 수학인데 올해 새로운 기술을 이해하는 엄청난 일을 해내고 있어요. 존은 예의바르고 재미있고 공손하고 근면하고 항상 최선을 다하는 학생이에요. 이번 학년에 정말 많은 발전을 보이고 있어요. (담임교사)

작업기억 조정과 전략

우리가 확인한 중요한 교실조정은 다음과 같다.

- 서면으로 된 체크리스트와 단계별 절차를 상기시켜주는 알림장을 제공한다
- 시험시간을 연장해준다
- 한 번에 한 가지 이상의 과제를 요구하지 않는다
- 방해자극을 줄이기 위해 우선적으로 자리를 배정한다

사례관리자가 존에게 그가 학습한 기억전략에 대해 질문했을 때, 존은 '어떤 기억전략도 어렵지 않았어요. 모든 전략이 수업내용을 이해하고 기억하는 데 큰 도움이 됐어요.'라고 말했다. 또한 그는 최근 수학시험에서 어떻게 100점을 받았는지를 신이 나서 이야기했다. 표에서 보듯이 그의 재평가 결과는 2년 전에 비해 놀랄만한 향상을 보여준다.

존의 평가결과: 필수 언어임상평가 4판(Clinical Evaluation of Language Fundamentals Fourth Edition, CELF-4)

	2011년 4월		2013년 4월	
	표준점수	백분위	표준점수	백분위
핵심언어점수	91	27	99	47
수용언어지표	85	16	102	55
표현언어지표	93	32	96	39
언어내용지표	84	14	96	39
언어기억지표	96	39	101	53
작업기억지표	72	3	83	17

존은 모든 평가 영역에서 향상을 보였다. 가장 극적인 향상은 수용언어, 언어내용, 작업기억에서 나타났다. 그의 수용언어지표와 언어내용지표의 점수는 평균 이하에서 평균으로 바뀌었고 작업기억지표의 점수도 상승했다. 이런 변화를 처음 보는 것은 아니지만 흔치 않은 일이다.

사례관리자는 그의 점수변화의 원인을 정글메모리 인지훈련, 전략교수, 교실조정에서 찾았다. 평가결과와 교실수행자료를 기초로 존은 특수교육서비스에서 제외되었다. 대신 504계획*이 시작되었는데, 존에게 이러한 지도의 혜택을 받게 해주는 조정이 계속해서 필요했기 때문이었다. 트레이시 앨로웨이와 다른 사람들로부터 추천받은 전략에 기초하여 공식조정계획이 서면으로 작성되었다. 존은 조정에 잘 반응했고 특별 지시 없이도 수업내용을 잘 따라갈 수 있게 되었다.

우리 위원회와 그의 전 사례관리자가 보기에 존은 증거기반 평가 및 중재를 통해 학생의 욕구를 적절하게 확인하고 목표달성을 이룬 하나의 증거 사례이다.

결론

작업기억 장애 학생을 지원하는 학교기반 프로그램 개발에 대한 요구는 중요하고 시기적절하다. 현재 우리는 뇌가 어떻게 기능하고 학생이 어떻게 학습하는지에 대해 많은 것을 이해하고 있고, 이런 지식을 활용하는 것은 대단히 중요하다. 여러 연구에서 확인되는 바, 인지훈련과 전략교수를 통해 작업기억은 향상될 수 있다. 교육자로서 우리는 기억에 문제가 있는 학생들을 도울 수 있는 검사도구와 훈련을 찾아야 한다. 오늘의 학생은 내일의 리더이다. 이 아이들이 성공하고 자신의 모든 가능성을 펼칠 수 있도록 도와주자!

*504계획(504plan)은 학습 · 말하기 · 읽기 · 쓰기 · 집중하기 · 스스로 돌보기 등 하나 이상의 중요한 삶의 활동에서 상당한 장애를 가진 K-12 학생의 교육욕구를 지원하기 위해 학교팀과 부모에 의해 개발되었다(출처-미국국립학습장애센터).

작업기억 전략 요약

다음은 일반적인 학습욕구를 가진 학생들에게 적용할 수 있는 일반 작업기억 전략으로 이 책에서 설명한 것들이다.

DCD(Developmental Coordination Disorder, 발달협응장애); ADHD(Attention Deficit Hyperactivity Disorder, 주의력결핍 과잉행동장애); ASD(Autistic Spectrum Disorder, 자폐스펙트럼장애)

	읽기장애	수학장애	DCD	ADHD	ASD	불안장애
작업기억에 도움이 되는 시각적 도구 사용하기	●	●	●			●
작업기억 부하 줄이기 위해 활동 단축하기	●	●		●		●
작업기억의 정보처리과정 줄이기 위해 정보 잘게 쪼개기	●				●	●
활동에서 작업기억의 정보처리과정 줄이기	●	●	●		●	
작업기억의 정보처리과정에 도움이 되는 학습도구와 시각보조도구 사용하기		●				●
기억보조도구 사용 시범보이기		●				
작업기억이 과부하에 걸리지 않도록 방해자극 최소화하기			●		●	●
작업기억 활성화 위해 간헐적으로 정보 반복하기				●		●

다음은 특정 장애를 가진 학생들에게 맞추어진 특수 작업기억 전략으로 이 책에서 설명한 것들이다.

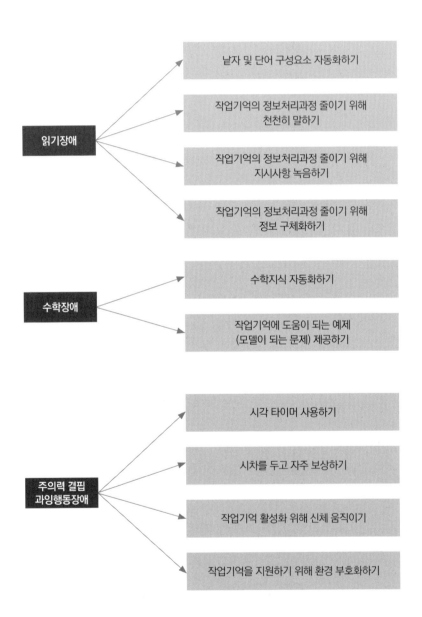

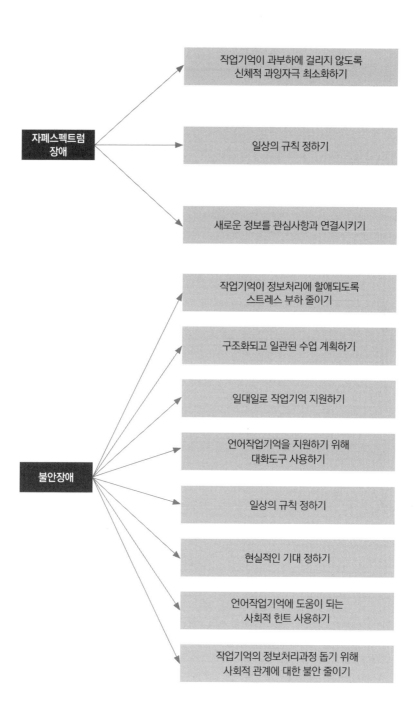

자폐스펙트럼
장애 → 작업기억이 과부하에 걸리지 않도록
신체적 과잉자극 최소화하기

일상의 규칙 정하기

새로운 정보를 관심사항과 연결시키기

불안장애 → 작업기억이 정보처리에 할애되도록
스트레스 부하 줄이기

구조화되고 일관된 수업 계획하기

일대일로 작업기억 지원하기

언어작업기억을 지원하기 위해
대화도구 사용하기

일상의 규칙 정하기

현실적인 기대 정하기

언어작업기억에 도움이 되는
사회적 힌트 사용하기

작업기억의 정보처리과정 돕기 위해
사회적 관계에 대한 불안 줄이기

참고문헌 & 추천도서

1장 뇌 속의 포스트잇 메모지

Alloway, T.P. (2009) Working memory, but not IQ, predicts subsequent learning in children with learning difficulties. *European Journal of Psychological Assessment*, 25: 92–8.

Alloway, T.P. and Alloway, R.G. (2010) Investigating the predictive roles of working memory and IQ in academic attainment. *Journal of Experimental Child Psychology*, 106: 20–9.

Alloway, T.P., Gathercole, S.E., and Pickering, S.J. (2006) Verbal and visuospatial short-term and working memory in children: are they separable? *Child Development*, 77: 1698–716.

Alloway, T.P., Gathercole, S.E, Kirkwood, H.J., and Elliott, J.E. (2009) The cognitive and behavioral characteristics of children with low working memory. *Child Development*, 80: 606–21.

Alloway, T.P., Alloway, R.G., and Wootan, S. (2014) Home sweet home: Does where you live matter to working memory and other cognitive skills? *Journal of Experimental Child Psychology*, 124: 124–31.

APA (American Psychiatric Association) (2013) *Diagnostic and Statistical Manual of Mental Disorders: DSM-5*. Washington, DC: American Psychiatric Association.

Cowan, N. and Alloway, T.P. (2008) The development of working memory in childhood, in M. Courage and N. Cowan (eds), *Development of Memory in Infancy and Childhood*, 2nd edn. Hove: Psychology Press.

Gathercole, S.E. and Alloway, T.P. (2008) *Working Memory and Learning: A Practical Guide*. London: Sage.

Swanson, L. and Alloway, T.P. (2010) Working memory, learning, and academic achievement, in K. Harris, T. Urdan and S. Graham (eds), *APA Educational Psychology Handbook*, Vol. 1. Mahwah, NJ: Erlbaum.

2장 작업기억 진단

Alloway, T.P. (2007a) *Automated Working Memory Assessment (AWMA)*. London: Psychological Corporation.

Alloway, T.P. (2007b) What can phonological and semantic information tell us about the mechanisms of immediate sentence recall? *Memory*, 15: 605–15.

Alloway, T.P. (2009) Working memory, but not IQ, predicts subsequent learning in children with learning difficulties. *European Journal of Psychological Assessment*, 25: 92–8.

Alloway, T.P. (2011) The benefits of computerized working memory assessment. *Educational & Child Psychology*, 28: 8–17.

Alloway, T.P. and Alloway, R.G. (2013) working memory in the lifespan: a crosssectional approach. *Journal of Cognitive Psychology*, 25: 84–93.

Alloway, T.P. and Ledwon, F. (2014) Semantic information and working memory in sentence recall in children. *International Journal of Educational Research*, 65: 1–8.

Alloway, T.P., Gathercole, S.E., Willis, C., and Adams, A.M. (2004) A structural analysis of working memory and related cognitive skills in early childhood. *Journal of Experimental Child Psychology*, 87, 85–106.

Alloway, T.P., Gathercole, S.E., Willis, C., and Adams, A.M. (2005). Working memory and special educational needs. *Educational and Child Psychology*, 22: 56–67.

Alloway, T.P., Alloway, R.G., and Wootan, S. (2014) Home sweet home: Does where you live matter to working memory and other cognitive skills? *Journal of Experimental Child Psychology*, 124: 124–31.

Alloway, T.P., Doherty-Sneddon, G., and Forbes, L. (2012) Teachers' perceptions of classroom behavior and working memory. *Education Research & Reviews*, 7: 138–42.

Alloway, T.P., Gathercole, S.E., and Elliott, J. (2010a) Examining the link between working memory behavior and academic attainment in children with ADHD. *Developmental Medicine & Child Neurology*, 52: 632–6.

Alloway, T.P., Elliott, J., and Place, M. (2010b). Investigating the relationship between attention and working memory in clinical and community samples. *Child Neuropsychology*, 16: 242–54.

Alloway, T.P., Gathercole, S.E., and Kirkwood, H. (2008a) *Working Memory Rating Scale*. London: Psychological Corporation.

Alloway, T.P., Gathercole, S.E, Kirkwood, H.J., and Elliott, J.E. (2008b) Evaluating the validity of the Automated Working Memory Assessment. *Educational Psychology*, 7: 725–34.

Alloway, T.P., Gathercole, S.E, Kirkwood, H.J., and Elliott, J.E. (2009a) The cognitive and behavioral characteristics of children with low working memory. *Child Development*, 80: 606–21.

Alloway, T.P., Gathercole, S., Kirkwood, H., and Elliott, J. (2009b) The Working Memory Rating Scale: a classroom-based behavioral assessment of WM. *Learning & Individual Differences*, 19: 242–5.

Alloway, T.P., Gathercole, S., Holmes, J., Place, M., and Elliott, J. (2009c) The diagnostic utility of behavioral checklists in identifying children with ADHD and children with WM deficits. *Child Psychiatry & Human Development*, 40: 353–66.

Cowan, N. and Alloway, T.P. (2008) The development of working memory in childhood, in M. Courage and N. Cowan (eds), *Development of Memory in Infancy and Childhood*, 2nd edn. Hove: Psychology Press.

Engel, P. M. J., Heloisa Dos Santos, F., and Gathercole, S.E. (2008) Are working memory measures free of socio-economic influence? *Journal of Speech, Language, and Hearing Research*, 51: 1580–7.

Injoque-Ricle, I., Calero, A., Alloway, T.P., and Burin, D. (2011) Assessing WM in Spanish-speaking children: Automated Working Memory Assessment battery adaptation. *Learning & Individual Differences*, 21: 78–84.

Messer, M.H., Leseman, P.P.M., Mayo, A.Y. and Boom, J. (2010) Long-term phonotactic knowledge supports verbal short-term memory in young native and second language learners. *Journal of Experimental Child Psychology*, 105: 306–23.

3장 읽기장애(난독증)

Alloway, T.P. and Archibald, L.M. (2008) Working memory and learning in children with developmental coordination disorder and specific language impairment. *Journal of Learning Disabilities*, 41: 251–62.

Alloway, T.P. and Gathercole, S.E. (2005) The role of sentence recall in reading and language skills of children with learning difficulties. *Learning and Individual Differences*, 15: 271–82.

Alloway, T.P. and Gregory, D. (2013) The predictive ability of IQ and working memory scores in literacy in an adult population. *International Journal of Educational Research*, 57: 51–6.

Alloway, T.P., Wootan, S., and Deane, P. (2014) Investigating working memory and sustained attention in dyslexic adults. *International Journal of Educational Research*, 67: 11–17.

Berninger, V.W., Raskind, W., Richards, T., Abbott, R., and Stock, P. (2008) A multi disciplinary approach to understanding developmental dyslexia within working-memory architecture: genotypes, phenotypes, brain, and instruction. *Developmental Neuropsychology*, 33: 707–44.

Gathercole, S.E., Alloway, T.P., Willis, C., and Adams, A.M. (2006) Working memory in children with reading disabilities. *Journal of Experimental Child Psychology*, 93: 265–81.

Hutzler, F., Kronbichler, M., Jacobs, A.M., and Wimmer, H. (2006) Perhaps correlational but not causal: no effect of dyslexic readers' magnocellular system on their eye movements during reading. *Neuropsychologia*, 44: 637–48.

Savage, R., Lavers, N., and Pillay, V. (2007) Working memory and reading difficulties: what we know and what we don't know about the relationship. *Educational Psychology Review*, 19: 185–221.

Shaywitz, B., Shaywitz, S., Pugh, K., Mencl, W., Fulbright, R., Skudlarski, P., et al. (2002) Disruption of posterior brain systems for reading in children with developmental dyslexia. *Biological Psychiatry*, 52: 101–10.

Shaywitz, S., Shaywitz, B., Fulbright, R., Skudlarski, P., Mencl, W., Constable, R., et al. (2003) Neural systems for compensation and persistence: young adult outcome of childhood reading disability. *Biological Psychiatry*, 54: 25–33.

Swanson, H.L. (2012) Adults with reading disabilities: converting a meta-analysis to practice. *Journal of Learning Disabilities*, 45: 17–30.

Wagner, R.K. and Muse, A. (2006) Working memory deficits in developmental dyslexia, in T.P. Alloway and S.E. Gathercole (eds), *Working Memory in Neurodevelopmental Conditions*. Hove: Psychology Press.

Wagner, R.K., Torgesen, J.K., and Rashotte, C.A. (1994) Development of reading-related phonological processing abilities: new evidence of bidirectional causality from a latent variable longitudinal study. *Developmental Psychology*, 30: 73–87.

4장 수학장애(난산증)

Alloway, T.P. and Passolunghi, M.C. (2011) The relations between working memory and arithmetical abilities: a comparison between Italian and British children. *Learning and Individual Differences*, 21: 133–7.

Alloway, T.P., Gathercole, S.E., Adams, A.M., Willis, C., Eaglen, R., and Lamont, E. (2005a) Working memory and other cognitive skills as predictors of progress towards early learning goals at school entry. *British Journal of Developmental Psychology*, 23: 417–26.

Alloway, T.P., Gathercole, S.E., Willis, C., and Adams, A.M. (2005b) Working memory and special educational needs. *Educational and Child Psychology*, 22: 56–67.

Bird, R. (2013) *The Dyscalculia Toolkit*, 2nd edn. London: Sage.

Bird, R. (2009) *Overcoming Difficulties with Number*. London: Sage.

Bugden, S., Price, G.R., McLean, D.A., and Ansari, D. (2012) The role of the left intraparietal sulcus in the relationship between symbolic number processing and children's arithmetic competence. *Developmental Cognitive Neuroscience*, 2: 448–57.

Friso-van den Bos, I., van der Ven, S., Kroesbergen, E., and van Luit, J. (2013) Working memory and mathematics in primary school children: a meta-analysis. *Educational Research Review*, 10: 29–44.

Geary, D. (2011) Cognitive predictors of achievement growth in mathematics: a 5-year longitudinal study. *Developmental Psychology*, 47: 1539–52.

Geary, D., Hoard, M.K., Nugent, L., and Bailey, D. (2012) Mathematical cognition deficits in children with learning disabilities and persistent low achievement: a five year prospective study. *Journal of Educational Psychology*, 104: 206–23.

Raghubar, K., Barnes, M., and Hecht, S. (2010) A review of developmental, individual difference, and cognitive approaches. *Learning and Individual Differences*, 20: 110–22.

Vicario, C.M., Rappo, G., Pepi, A., Pavan, A., and Martino, D. (2012) Temporal abnormalities in children with developmental dyscalculia. *Developmental Neuropsychology*, 37: 636–52.

5장 발달협응장애

Alloway, T.P. (2007) Working memory, reading and mathematical skills in children with developmental coordination disorder. *Journal of Experimental Child Psychology*, 96: 20–36.

Alloway, T.P. and Archibald, L.M. (2008) Working memory and learning in children with developmental coordination disorder and specific language impairment. *Journal of Learning Disabilities*, 41: 251–62.

Alloway, T.P. and Temple, K.J. (2007) A comparison of working memory profiles and learning in children with developmental coordination disorder and moderate learning difficulties. *Applied Cognitive Psychology*, 21: 473–87.

Alloway, T.P. and Warner, C. (2008) The effect of task-specific training on learning and memory in children with developmental coordination disorder. *Perceptual and Motor Skills*, 107: 273–80.

Henderson, S.E. and Sugden, D.A. (2007) *Movement ABC Checklist*. Harlow: Pearson Education.

Missiuna, C., Moll, S., King, G., Stewart, D., and MacDonald, K. (2008) Life experiences of young adults who have coordination difficulties. *Canadian Journal of Occupational Therapy*, 75: 157–66.

Tsai, C.L., Chang, Y.K., Hung, T.M., Tseng, Y.T., and Chen, T.C. (2012) The neurophysiological performance of visuospatial working memory in children with *developmental coordination disorder. Developmental Medicine & Child Neurology*, 54: 1114–20.

6장 주의력결핍 과잉행동장애

Alloway, T.P. (2011) A comparison of WM profiles in children with ADHD and DCD. *Child Neuropsychology*, 21: 1–12.

Alloway, T.P. and Cockcroft, K. (2012) Working memory in ADHD: a comparison of British and South African children. *Journal of Attention Disorders*. DOI: 10.1177/108705471141739.

Alloway, T.P. and Elsworth, M. (2012) An investigation of cognitive skills and behavior in high-ability students. *Learning and Individual Differences*, 22: 891–5.

Alloway, T.P. and Stein, A. (2014) Investigating the link between cognitive skills and learning in non-comorbid samples of ADHD and SLI. *International Journal of Educational Research*, 64: 26–31.

Alloway, T.P., Gathercole, S.E, Kirkwood, H.J., and Elliott, J.E. (2009a) The cognitive and behavioral characteristics of children with low working memory. *Child Development*, 80: 606–21.

Alloway, T.P., Gathercole, S., Holmes, J., Place, M., and Elliott, J. (2009b) The diagnostic utility of behavioral checklists in identifying children with ADHD and children with working memory deficits. *Child Psychiatry & Human Development*, 40: 353–66.

Alloway, T.P., Rajendran, G., and Archibald, L.M. (2009) Working memory profiles of children with developmental disorders. *Journal of Learning Difficulties*, 42: 372–82.

Alloway, T.P., Elliott, J., and Holmes, J. (2010) The prevalence of ADHD-like symptoms in a community sample. *Journal of Attention Disorders*, 14: 52–6.

Alloway, T.P., Elliott, J., and Place, M. (2010) Investigating the relationship between attention and working memory in clinical and community samples. *Child Neuropsychology*, 16: 242–54.

Alloway, T.P., Gathercole, S.E., and Elliott, J. (2010) Examining the link between working memory behavior and academic attainment in children with ADHD. *Developmental Medicine & Child Neurology*, 52: 632–6.

Alloway, T.P., Lawrence, A., and Rodgers, S. (2013) Antisocial behavior: exploring behavioral, cognitive and environmental influences on expulsion. *Applied Cognitive Psychology*, 27: 520–6.

Alloway, T.P., Elsworth, M., Miley, N., and Sekinger, S. (2014). Computer use and behavior problems in twice-exceptional students. *Gifted Education International*.

Barkley, R. (2006) *Attention-Deficit Hyperactivity Disorder: A Handbook for Diagnosis and Treatment*, 3rd edition. New York: Guilford Press.

Barkley, R., Murphy, K., and Kwasnik, D. (1996) Psychological adjustment and adaptive impairments in young adults with ADHD. *Journal of Attention Disorders*, 1: 41–54.

CDC (Centers for Disease Control and Prevention) (2013) Attention-deficit hyperactivity disorder: data and statistics. www.cdc.gov/ncbddd/adhd/data.html (retrieved February 2014).

Gathercole, S.E, Alloway, T.P., Kirkwood, H.J., and Elliott, J.E. (2008) Attentional and executive function behaviors in children with poor working memory. *Learning and Individual Differences*, 18: 214–23.

Holmes, J., Gathercole, S., Place, M., Alloway, T.P., and Elliott, J. (2010) An assessment of the diagnostic utility of EF assessments in the identification of ADHD in children. *Child &*

Adolescent Mental Health, 15: 37–43.

Reiss, M.J. (1993) Organizing and running a residential fieldtrip. *School Science Review*, 74: 132–5.

7장 자폐스펙트럼장애

Alloway, T.P., Rajendran, G., and Archibald, L.M. (2009) Working memory profiles of children with developmental disorders. *Journal of Learning Difficulties*, 42: 372–82.

Baron-Cohen, S. (1993) *Autism and Asperger Syndrome: The Facts.* Oxford: Oxford University Press.

Courchesne, E. and Pierce, K. (2005) Brain overgrowth in autism during a critical time in development: implications for frontal pyramidal neuron and interneuron development and connectivity. *International Journal of Developmental Neuroscience*, 23: 153–70.

Happe, F. (1995) The role of age and verbal ability in the theory-of-mind task performance of subjects with autism. *Child Development*, 66: 843–55.

Koshino, H., Carpenter, P., Minshew, N., Cherkassky, V., Keller, T., and Just, M. (2005) Functional connectivity in an fMRI working memory task in highfunctioning autism. *Neuroimage*, 24: 810–21.

Koshino, H., Kana, R., Keller, T., Cherkassky, V., Minshew, N., and Just, M. (2008) fMRI investigation of working memory for faces in autism: visual coding and underconnectivity with frontal areas. *Cerebral Cortex*, 18: 289–300.

Luna, B., Minshew, N.J., Garver, K.E., Lazar, N.A., Thulborn, K.R., Eddy, W.F., and Sweeney, J. (2002) Neocortical system abnormalities in autism: an fMRI study of spatial working memory. *Neurology*, 59: 834–40.

8장 불안장애

Ashcraft, M.H. and Kirk, E.P. (2001) The relationship among working memory, math anxiety, and performance. *Journal of Experimental Psychology*, 130(2): 224–37.

Castaneda, A.E., Suvisaan, J., Marttuen, M., Perälä, J., Saarni, S.I., Aalto-Setälä, T., Lönnqvista, J., and Tuulio-Henriksson, A. (2011) Cognitive functioning in a population-based sample of young adults with anxiety disorders. *European Psychiatry*, 26(6): 346–53.

Elzinga, B.M. and Roelofs, K. (2005) Cortisol-induced impairments of working memory require acute sympathetic activation. *Behavioral Neuroscience*, 119 (1): 98–103.

Johnson, D.R. and Gronlund, S.D. (2009) Individuals with lower working memory capacity are particularly vulnerable to anxiety's disruptive effect on performance. *Anxiety, Stress &*

Coping, 22(2): 201–13.

Lupien, S.J., McEwen, B.S., Gunnar, M.R., and Heim, C. (2009) Effects of stress throughout the lifespan on the brain, behaviour and cognition. *Nature Reviews Neuroscience*, 10(6): 434–45.

Owens, M., Stevenson, J., Hadwin, J.A., and Norgate, R. (2014) When does anxiety help or hinder cognitive test performance? The role of working memory capacity. *British Journal of Psychology*, 105: 92–101.

Visu-Petra, L., Cheie, L., Benga, O., and Alloway, T.P. (2011) Effects of anxiety on memory storage and updating in young children. *International Journal of Behavior Development*, 35(1): 38–47.

Vytal, K.E., Cornwell, B.R., Letkiewicz, A.M., Arkin, N.E., and Grillon, C. (2013) The complex interaction between anxiety and cognition: insight from spatial and verbal working memory. *Frontiers in Human Neuroscience*, 7: 1–11.

9장 학생의 전략과 훈련

Alloway, T.P., Gathercole, S.E., Kirkwood, H.J. and Elliott, J.E. (2009) The cognitive and behavioural characteristics with low working memory. *Child Development*, 80, 606–21.

Alloway, T.P. (2012) Can interactive working memory training improving learning? *Journal of Interactive Learning Research*, 23: 1–11.

Alloway, T.P. and Alloway, R.G. (2012) The impact of engagement with social networking sites (SNSs) on cognitive skills. *Computers and Human Behavior*, 28: 1748–54.

Alloway, T.P., Bibile, V., and Lau, G. (2013) Computerized working memory training: can it lead to gains in cognitive skills in students? *Computers & Human Behavior*, 29: 632–8.

Alloway, T.P., Horton, J., Alloway, R.G., and Dawson, C. (2013) The impact of technology and social networking on working memory. *Computers & Education*, 63: 10–16.

Alloway, T.P . (2009) Working memory, but not IQ, predicts subsequent learning in children with learning difficulties. *European Journal of Psychological Assessment*, 25, 92–8.

Crichton, G.E., Elias, M., Dore, G., and Robbins, M. (2012) Relation between dairy food intake and cognitive function: the Maine–Syracuse Longitudinal Study. *International Dairy Journal*, 22: 15–23.

Francis, S.T., Head, K., Morris, P.G., and Macdonald, I.A. (2006) The effect of flavanol-rich cocoa on the fMRI response to a cognitive task in healthy young people. *Journal of Cardiovascular Pharmacology*, 47: S215–S220.

Jungle Memory™ (www.junglememory.com)

Lorant-Royer, S., Spiess, V., Goncalves, J., and Lieury, A. (2008) Programmes d'entraînement cérébral et performances cognitives : efficacité ou marketing? De la gym-cerveau au programme du Dr Kawashima. *Bulletin de Psychologie*, 61: 531–49.

Lorant-Royer, S., Munch, C., Mesclé, H., and Lieury, A. (2010) Kawashima vs 'Super Mario'! Should a game be serious in order to stimulate cognitive aptitudes? *European Review of Applied Psychology*, 60: 221–32.

Macready, A., Kennedy, O., Ellis, J., Williams, C., Spencer, J., and Butler, L. (2009) Flavonoids and cognitive function: a review of human randomized controlled trial studies and recommendations for future studies. *Genes & Nutrition*, 4: 227–42.

Narendran, R., Frankle, W., Mason., N., Muldoon, M., and Moghaddam, B. (2012) Improved working memory but no effect on striatal vesicular monoamine transporter type 2 after omega-3 polyunsaturated fatty acid supplementation. *PLOS ONE* 7: e46832.

Northstone, K., Joinson, C., Emmett, P., Ness, A., and Paus, T. (2011) Are dietary patterns in childhood associated with IQ at 8 years of age? A population-based cohort study. *Journal of Epidemiology and Community Health*, 66(7): 624–8

O'Brien, D. (2009) *Learn to Remember*. London: Duncan Baird.

Pilcher, J. and Huffcutt, A. (1996) Effects of sleep deprivation on performance: a meta analysis. *Sleep*, 19: 318–26.

Smith, M., Rigby, L., Van Eekelen, A., and Foster, J. (2011) Glucose enhancement of human memory: a comprehensive research review of the glucose memory facilitation effect. *Neuroscience and Biobehavioral Reviews*, 35: 770–83.

Steenari, M.R., Vuontela, V., Paavonen, E.J., Carlson, S., Fjallberg, M., and Aronen, E. (2003) Working memory and sleep in 6- to 13-year-old schoolchildren. *Journal of the American Academy of Child and Adolescent Psychiatry*, 42: 85–92.

Whitney, P. and Rosen, P. (2012) Sleep deprivation and performance: the role of working memory, in T.P. Alloway and R.G. Alloway (eds), *Working Memory: The Connected Intelligence*. New York: Psychology Press.

찾아보기

저자 소개

트레이시 패키암 앨로웨이(Tracy Packiam Alloway) 박사는 노스플로리다대학교 교수이며 이전에는 영국스털링대학교 학습기억연구센터 소장으로 재직했다. 그녀는 작업기억과 교육 분야의 전문가로 이 주제와 관련된 75편 이상의 논문과 책을 출간하였다. 또한 국제적으로 인정받고 있는 작업기억자동평가(Automated Working Memory Assessment, 20여 개 언어로 번역)라는 검사도구를 개발하기도 했다. 박사는 〈싸이콜로지 투데이(Psychology Today)〉와 〈허핑턴포스트(Huffington Post)〉의 블로그에 글을 기고하고 있으며, 〈프루덴셜〉, 〈세계은행〉, 〈BBC〉 같은 포춘 500대 기업의 자문역으로 활동하고 있다.
www.tracyalloway.com

로스 G. 앨로웨이(Ross G. Alloway) 박사는 메모자인(Memosyne)의 최고경영자이며 교육자 및 학부모에게 작업기억 훈련프로그램을 제공하고 있다. 로스가 개발한 작업기억 훈련프로그램인 정글메모리(Jungle Memory™)는 20여 국가에서 수천 명의 학생들에 의해 사용되고 있다. 트레이시 앨로웨이 박사와 공동으로 작업기억에 관한 학술서(Psychology Press 출간)의 편집을 맡고 있고, 과학대중서(Simon & Schuster 출간, 17개 언어로 번역)를 공동집필하였다. 역시 트레이시 앨로웨이와 공동으로 다양한 맥락에서의 작업기억에 관한 연구결과를 발표하고 있는데, 여기에는 교육에서 노화까지, 행복에서 거짓말까지, 맨발달리기에서 페이스북에 이르기까지 다양한 상황이 포함되어 있다. 이들의 연구는 〈BBC〉〈ABC뉴스〉〈허핑턴포스트〉〈워싱턴포스트〉〈뉴스위크〉에서 집중적으로 조명되었다. 로스 박사는 허핑턴포스트에서 블로그를 운영하고 있다.

에반 코펠로(Evan Copello)는 노스플로리다대학교의 트레이시 앨로웨이 박사 연구팀 학생이다. 그는 아동의 비구어적 거짓말과 작업기억과의 관계, 대학생의 표준화 검사를 연구하는 비교문화프로젝트 등 여러 프로젝트에 참여하여 트레이시 앨로웨이와 함께 연구를 수행하고 있다. 또한 국제심리학 명예단체인 Psi Chi의 회장을 역임(2013-2014)한 바 있다.

킴 필립스 그랜트(Kim Phillips Grant)는 노바스코샤의 핼리팩스에 있는 생메리대학교 심리학과를 졸업하고 캔저스대학교에서 심리학으로 석사학위를 받았다. 그녀는 캔저스 북동지역 근교의 학교에서 9년 동안 학교 심리상담사로 근무했으며, 작업기억에 대한 열정으로 지역 재단으로부터 작업기억 장애 학생을 선별 · 중재 · 평가하는 프로그램의 개발연구비를 수상한 바 있다.

학습 어려움의 이해와 극복,

작업기억에 달렸다

2017년 7월 10일 | 초판 인쇄
2020년 8월 28일 | 초판 2쇄

지은이 트레이시 패키암 앨로웨이·로스G. 앨로웨이
옮긴이 이찬승·이나경

펴낸이 이찬승
펴낸곳 교육을바꾸는책
편집·마케팅 고명희·서이슬·김지현

출판등록 2012년 4월 10일 | 제313-2012-114호
주소 서울시 마포구 동교로 18길 20 자운빌딩 3층
홈페이지 http://21erick.org **이메일** gyobasa@21erick.org
포스트 post.naver.com/gyobasa_edu

전화 02-320-3600 **팩스** 02-320-3608
내용문의 02-320-3632 **구입문의** 02-320-3600

ISBN 978-89-966971-3-8   13370

이 도서의 국립중앙도서관 출판예정도서목록(CIP)은 서지정보유통지원시스템
홈페이지(http://seoji.nl.go.kr)와 국가자료공동목록시스템(http://www.nl.go.kr/kolisnet)에서
이용하실 수 있습니다. (CIP제어번호 : CIP2017015674)